Como lidar com
FRUSTRAÇÕES

ADRIANA FÓZ

Como lidar com
FRUSTRAÇÕES

A ciência por trás das
boas decisões

Benvirá

Copyright © Adriana Fóz, 2024
Copyright © Saraiva Educação, 2024

Direção executiva Flávia Alves Bravin
Direção editorial Ana Paula Santos Matos
Gerência editorial e de produção Fernando Penteado
Gerenciamento de catálogo Isabela Ferreira De Sá Borrelli
Edição Julia Braga
Design e produção Jeferson Costa da Silva (coord.)
Alanne Maria

Preparação Tulio Kawata
Revisão Lígia Alves
Diagramação Join Bureau
Capa Tiago Dela Rosa
Impressão e acabamento Ricargraf
OP 236247

Dados Internacionais de Catalogação na Publicação (CIP)	
F796s	Fóz, Adriana Como lidar com frustrações: a ciência por trás das boas decisões / Adriana Fóz. – 1. ed. - São Paulo: Benvirá, 2024. 256 p. ISBN: 978-65-5810-100-0 1. Autoajuda. 2. Frustração. I. Título.
2023-2916	CDD 158.1 CDU 159.947
Índices para catálogo sistemático: 1. Autoajuda 158.1 2. Autoajuda 159.947	

1ª edição, maio de 2024

Nenhuma parte desta publicação poderá ser reproduzida por qualquer meio ou forma sem a prévia autorização da Saraiva Educação. A violação dos direitos autorais é crime estabelecido na Lei n. 9.610/98 e punido pelo art. 184 do Código Penal.

Todos os direitos reservados à Benvirá, um selo da Saraiva Educação.
Av. Paulista, 901, Edifício CYK, 4º andar
Bela Vista – São Paulo – SP – CEP: 01311-100

SAC: sac.sets@saraivaeducacao.com.br

CÓD. OBRA 720605   CL 671093   CAE 847789

*A insegurança e a frustração levam
o homem à violência e à guerra.*

JOHN LENNON

*Dedico este livro ao Cícero (in memoriam),
geólogo e precursor do ciclismo de aventura na natureza.
Meu irmão, amigo e companheiro de tantas aventuras:
na terra, nas montanhas, no mar e
na fraternidade. Saudade.
E também a todos os irmãos, de sangue ou de coração,
pois creio que, quando cada pessoa souber olhar
o outro com irmandade — ou seja,
com respeito e interesse fraterno —,
as mágoas, frustrações e raivas duradouras
se transformarão em valiosos aprendizados.*

Agradecimentos

Agradeço à Benvirá pela oportunidade de escrever sobre um tema tão contemporâneo e de tamanha relevância para o bem-estar dos leitores. Sou imensamente grata a Debora Guterman e Paula Carvalho, mas especialmente a Isabela Borrelli, pela parceria e confiança nesta edição. Espero que colaborar na realização deste livro tenha promovido mais consciência de seus sentimentos e atitudes, de suas competências emocionais e ajudado a lapidar suas inerentes frustrações.

O meu muito obrigada a Débora Rubin, Alcione Marques e Marcello Falco pela perseverança e por todas as competências emocionais que demonstraram ter treinado ao me acompanhar na construção deste livro.

Obrigada também a Thiago Gringon, Silvana Conrado, Ivone Scatolin, Tolita Fóz e Adriessa Aparecida dos Santos pelos pitacos. Assim como a Thaís Vilela (*in memoriam*) e Karen Moraes, por suas valiosas sugestões nos *quizzes* (que fazem parte do material online).

Gratidão aos meus pacientes e às pessoas que participaram de alguma forma da minha escrita. E, claro, meu agradecimento se estende até mesmo às minhas próprias frustrações!

Sumário

Apresentação..................................17

Introdução....................................23

1| A neurociência das emoções......................39
   O normal e o patológico..........................42
   Do luto à luta: superando a dor da perda...................44
   A tristeza da frustração..........................45
   Raiva, eu?................................46
   Dá para reconhecer quando você ou o outro está entrando no ciclo da raiva?..........................48
   É ansiedade ou frustração? E o estresse?..................49
   Existe ansiedade frustrante ou frustração por ansiedade?..........52
   Permita-se sentir............................54

2| Plasticidade Emocional para superar a frustração.........55
   O que é a Plasticidade Emocional?.....................59
   Plasticidade Emocional para lidar melhor com a frustração......61
   As competências para sua Plasticidade Cerebral..............61

Superando minhas frustrações por meio da
Plasticidade Emocional..65
Mandala da Plasticidade Emocional..66

Competências da Plasticidade Emocional para superação
ou "prevenção" das frustrações.............................69

Competências inovadoras

3 | Criatividade 73
O cérebro e seu ilimitado poder..76
Criatividade: da imaginação à interação....................................77
Como treinei minha criatividade depois do AVC 78
Pense loucuras e viva o ócio 79
Criando um novo universo de buscas...81
Como não se frustrar com a escola pública? E, ainda, com as
feridas na educação deixadas pela pandemia? 84

4 | Intuição.. 87
A intuição é uma competência cerebral? 90
A intuição como ferramenta para a tomada de decisões 91
Intuição tem a ver com gênero? 92
Um avião de intuição 95

5 | Otimismo 97
Neurociência do otimismo..100
Mais frustrações, menos força, mais estresse 101
As vantagens de treinar o otimismo 102
Só rir ou sorrir!..103
Rir de si mesmo é uma estratégia divertida............................104

Um otimista de volta para o futuro 105
Dois casamentos 106

Competências conectivas

6 | Empatia.. 111
    Neurônios da conexão entre pessoas 114
    O circuito da empatia no cérebro e seus personagens-chave 115
    Empatia, a competência do século XXI.. 116
    A importância da empatia na prevenção da frustração 117
    Existe empatia que não é emocional? 119
    Empatia: o vírus do bem que combate a frustração!................. 120
    Superando a frustração por meio da empatia 121

7 | Generosidade 123
    Generosidade no cérebro 126
    Generosidade como propósito de vida 126
    Existe um termômetro para a generosidade?............................. 127
    A chance de ser generoso 129

8 | Gratidão 131
    Gratidão gera sinapses de contentamento................................. 134
    O porta-voz da gratidão 135
    Modelo de gratidão 136
    Maneiras de cultivar a gratidão.. 137

9 | Gentileza e autocuidado... 139
    A gentileza é determinada pelo nosso cérebro? 142
    Ser gentil pode "combater" a frustração? 143
    "Viciada" em gentileza... 144

A importância do autocuidado e da autogentileza 146
Pequenas atitudes de gentileza 147

Competências executivas

10 | Perseverança 151
    Qual a diferença, então, entre persistência e perseverança? 154
    E a persistência mental? 155
    Dopamina, um combustível poderoso da perseverança 157
    A teimosia da frustração × a perseverança de novos hábitos.... 158

11 | Foco 161
    O cérebro precisa de foco 164
    A idade do foco 165
    Frustração é quando não estamos plenos 166
    Foco para reduzir a frustração diante dos problemas
       do século XXI 167
    Muito além do exercício do foco 168
    Um campeão nas pistas e na mente 170
    O foco para mudar o aprendizado 171

12 | Coragem 173
    A coragem que está no seu cérebro 176
    Você tem medo do quê? 178
    A coragem que vem do coração e do corpo que luta… 179
    O medo paralisa, a coragem movimenta 180
    Treinando a coragem para "surfar" em traumas 181

13 | Resiliência 183
    Cérebro resiliente é mais potente? 186
    Resiliência: antídoto da frustração? 187
    Educando para a resiliência 188

Resiliência e bom humor..190
Resiliência no esporte: exemplo para a vida 191

Competências pacificadoras

14 | Paciência...195
    A neurociência da paciência..198
    Paz: uma sinapse entre o mosteiro e o laboratório...................199
    Quando começa a paciência... 200
    Calma é uma qualidade que só os adultos e as pessoas de origem asiática têm?..201
    A ansiedade é impaciente..202
    Uma virtude profissional 203
    Tecnologia e paciência 204

15 | Perdão..205
    Superpoderes do perdão: do cérebro à emoção.......................207
    O perdão racional e o emocional..209
    Desapegando da mágoa, superando a frustração.....................210
    Mágoa é água parada..212
    Vítima ou vilão?..213
    Frustrar-se ou perdoar é fracassar?...214
    Exercitar o perdão para desapegar da frustração e da mágoa 216

16 | Fé..217
    O cérebro e a fé 219
    Fato ou fé?..221
    A fé particular de cada um...222
    Mas e se eu não creio em Deus?...224
    Como se (re)conectar com a fé 225
    Viver com fé!..226

Mandala da Plasticidade Emocional...................229
  Régua das emoções 230

Epílogo 231

Notas...235

Este livro conta com material extra.
Para acessá-lo, visite a página do livro no Saraiva Conecta:

Link: https://somos.in/SF1

Apresentação

Quem nunca se sentiu frustrado? Dificuldades, decepções, desapontamentos e outros sentimentos podem levar a frustrações ou ser resultados delas. Por isso compartilho, brevemente, com você uma história que me foi muito cara, mas que me motivou bastante a aprender sobre como lidar com frustrações.

"Seu cérebro está sangrando!"

Ninguém quer ouvir uma frase como essa. Ainda mais se você só tem 32 anos e está deitada em uma maca no hospital. Quando o médico disse isso, percebi que a coisa era séria.

Eu estava sofrendo um acidente vascular cerebral hemorrágico — o pior tipo de AVC. O derrame me trouxe várias sequelas: desaprendi a andar, falar, ler e escrever, não me lembrava dos fatos ocorridos até dez anos antes, parei de sentir um dos lados do meu corpo e não me reconhecia mais. Além disso, acabei entrando em uma profunda depressão.

Passar por tudo isso não foi brincadeira, mas posso dizer que hoje essas sequelas estão em sua maioria superadas e que sou uma pessoa melhor do que era antes do derrame.

Mas como consegui superar tantas limitações? Como posso dizer que estou e sou melhor hoje? Terá sido sorte? Destino? Deus?

Eu diria que todas as opções acima são verdadeiras, mas acrescentaria mais uma, a mais importante: a Plasticidade Emocional, que, dentre outros ganhos, me permitiu superar frustrações e sobre a qual falarei ao longo do livro.

Minha reabilitação se deu entre erros e acertos, dores e alegrias, alguns passos para a frente e, às vezes, outros tantos para trás. A cada etapa eu aprendia que, além dos exercícios, medicamentos e orientações assertivas de profissionais competentes, precisava transformar minhas emoções. A duras penas, fui percebendo que os procedimentos médicos não bastariam se eu não treinasse algo que fosse além — e que tivesse a ver com minha decisão consciente sobre como lidava com minhas emoções —, que desse sentido e força à reconstrução do quebra-cabeça da minha vida. E foi aí que entrou a Plasticidade Emocional.

Os danos do AVC e a "cura" do cérebro

Fazendo uma analogia, o AVC interdita as "avenidas" do nosso cérebro por onde passam as informações, e é preciso reconstruir ou — ainda mais difícil, mas não impossível — criar "pontes e atalhos" para chegar a lugares que antes eram acessados com facilidade. Isso consiste em, por exemplo, fazer os comandos saírem de uma ou mais áreas do cérebro e cumprirem seu objetivo, seja dizer uma palavra ou mexer um músculo.

Buscando recuperar a lembrança de trajetos da minha casa até o parque Ibirapuera, por exemplo, descobri que inovação e criatividade ajudavam a construir esses atalhos no meu cérebro, onde as "avenidas e *highways*" da memória espacial tinham sido detonadas. Precisei criar um novo jeito de decorar o caminho, como pedir para o enfermeiro-motorista fazer um percurso diferente e ir desenhando esse trajeto enquanto estava no carro, usando ícones ou símbolos como referência. Há quase vinte anos eu estava criando um aplicativo tipo o Waze dentro do meu cérebro! Precisei inovar ao tentar encontrar uma forma diferente e mais eficiente de executar a ação cognitiva de lembrar. Pode parecer óbvio, mas lembre que meu "HD" havia zerado. Isso me levou a entender que criar e inovar é a solução para atingir a eficiência.

Eu também havia me esquecido dos milhares de palavras que havia aprendido durante a vida. Era como se um terremoto tivesse atingido a região da fala no meu cérebro — que fica no hemisfério esquerdo — e destruído tudo. A "estrada" que levava minha habilidade motora para a fala ficou interditada, e poucas palavras conseguiam passar por lá. Eu sabia o que queria dizer, até enxergava mentalmente as palavras, mas não conseguia traduzi-las em fala. Eu era uma estrangeira vagando pelo meu próprio cérebro.

A Neuroplasticidade ou Plasticidade Cerebral, que, *grosso modo*, é a capacidade do cérebro de reparar, reorganizar e modificar a si mesmo ao longo da vida,[1,2] junto a um treino físico, mental e emocional, me ajudou a (re)construir esses atalhos para acessar as caixas de memória das palavras e as pontes necessárias para reparar as áreas motoras da fala e dos movimentos.

Como fiz isso?

Usando a Plasticidade Emocional, conceito que desenvolvi e que compreende trabalhar com competências que todos nós possuímos — como perseverança, otimismo, foco, resiliência, intuição e mais outras nove, que serão abordadas uma a uma ao longo do livro — para reconfigurar nossas emoções.

Tive que aprender a rir de mim mesma, me flexibilizar e me tornar mais resiliente. Para isso, dentre outras estratégias, fui fazer aulas de palhaço. Eu, que tinha a rigidez de personalidade, precisei me tornar mais maleável e buscar outros parâmetros e formas de falar, andar e me comportar. Como me exercitar sem o otimismo, sem rir de mim mesma e dos sucessivos tombos e tropeções enquanto reaprendia a andar? Como não rir dos absurdos que falava querendo dizer algo completamente diferente? Houve vezes em que eu queria dizer "estou com fome", mas falava "tapete, tapete, tapete". Quisera eu que aquele terremoto cerebral fosse só uma "pegadinha"...

Fui me exercitar em vários parques da cidade de São Paulo, pois, se todos precisamos caminhar para ser mais saudáveis, imagine eu, que não sentia o lado direito do corpo e estava com os circuitos cerebrais da marcha — responsáveis por fazer as pernas se movimentarem — comprometidos.

Sei que é difícil compreender os meandros da relação entre nosso cérebro e nosso corpo. Se antes do meu derrame alguém quisesse me explicar esse fato, eu também teria dificuldade de entender. Mas, para cada movimento do nosso corpo, existem diversos circuitos e redes neurais — caminhos feitos pelos neurônios para chegar a determinados aprendizados e comportamentos — que são ativados automaticamente para quem não sofreu uma lesão.

No meu caso, precisei me apropriar novamente de cada etapa do complexo processo que é dar um passo. Até brincava cantarolando a música "Nóis tropica mais não cai", e de quebra fui treinando o otimismo. Precisei treinar também a perseverança, para não desistir de voltar a andar bem e, indo além, para aprender literalmente uma nova dança!

Sempre gostei de dançar. Antes do AVC, eu dançava flamenco, uma dança típica espanhola, de origem moura e cigana, mais contida, de movimentos firmes, duros e passionais. Um dia, pensei: "E se para reaprender a andar eu treinasse soltar o quadril, por meio de algo que me desse prazer, alegria e despertasse meu interesse?". Foi o que fiz: aprendi a dançar samba! Imagine como eu me divertia entre um rebolado e um passo claudicante. Dessa forma, sambando com otimismo, perseverança, resiliência e criatividade, fui vivenciando como poderia modificar minhas emoções e sentimentos.

Claro que nem tudo foram sorrisos e risadas. A cada três degraus na escada da reabilitação, eu descia dois, às vezes quatro, para só depois de muito empenho me levantar e continuar subindo. Talvez seja por isso — e também para continuar exercitando meu andar — que, hoje em dia, não posso ver uma escada que já quero subir, mesmo que tenha um elevador ou uma escada rolante por perto.

Treinei também empatia, generosidade, gentileza, intuição, gratidão, fé, foco, coragem, paciência e perdão, e fui percebendo que, se treinasse essas competências emocionais, minha trajetória rumo às superações seria menos penosa e me levaria a escrever uma história de vida mais feliz.

Após alguns anos (isso mesmo, anos!) de muito esforço, tombos e aprendizados, escrevi vários livros infantis enquanto reabilitava a leitura e a escrita. *Vamos brincar de poesia?*, *Vamos pintar a poesia?* e *Vamos navegar na poesia?* são frutos do treino das competências emocionais e exercícios com palavras e poesias que me ajudaram a resgatar o vocabulário e a fluência verbal.

Também escrevi *A cura do cérebro*, em 2012 (que está indo para a quarta edição!), em que conto como esse órgão pode se desorganizar após uma lesão e como ele pode encontrar novos caminhos e se reorganizar. Na verdade estamos sempre fazendo isso. Nosso cérebro e nosso corpo estão em constante mudança e transformação, e o primeiro está sempre tentando reparar, reciclar e repaginar nossa história.

Ao longo do livro, vou compartilhar com você algumas ideias, aprendizados e práticas que beneficiaram não só a mim, mas a outras pessoas também — uma vez que estudo e trabalho com psicopedagogia e neurociência há quase trinta anos e há onze me especializei em neuropsicologia. Mais recentemente, me tornei pesquisadora do Laboratório Interdisciplinar de Neurociências Clínicas da Universidade Federal de São Paulo (Unifesp). Já palestrei em dezenas de congressos e simpósios nacionais e internacionais, o que sempre me honra e traz muito aprendizado.

Meus pacientes, por sua vez, tiveram desafios naturalmente diferentes dos meus, e alguns deles utilizaram os exercícios da Plasticidade Emocional para superar adversidades e, claro, frustrações.

Mas por que escrever um livro sobre frustração? Confesso que foi muito difícil lidar com tantas limitações, expectativas não realizadas e sustos desde meu derrame cerebral, mas não é só em casos como o meu que a frustração se faz presente, já que na vida não acontece apenas o que desejamos ou esperamos, certo? Vivenciando e estudando formas e caminhos para superar minhas dificuldades, aprendi o poder que a frustração exerce em nossa vida. Se encontrarmos uma maneira de lidar melhor com ela e minimizá-la, levaremos a vida com mais leveza e bem-estar. Se nem ao menos admitirmos sua existência, nossa jornada será mais árdua.

É claro que não vou me referir apenas àquelas frustrações resultantes de limitações ou dificuldades de uma doença; o livro tratará das frustrações que podemos encontrar ao longo da vida: grandes ou pequenas, fáceis ou difíceis, antigas ou recentes, das quais você tinha consciência e das quais ainda não tem, e que podem ter um potencial frustrante.

Aqui buscarei trazer informações acuradas, situações, casos e dicas para você se identificar, lidar melhor com suas decepções e poder aprender a ser mais resistente e tolerante.

Espero que você aproveite a leitura e que, ao final, assimile algumas das competências para treinar sua Plasticidade Emocional e superar um dos grandes desafios da atualidade: as frustrações!

Adriana Fóz

Introdução

*Tinha uma pedra no meio do caminho,
no meio do caminho tinha uma pedra.*

CARLOS DRUMMOND DE ANDRADE

Você quer estudar no exterior e acha que o tempo de ir já passou? Deseja comprar uma casa, mas não tem economias suficientes? Se sente insatisfeito e pouco valorizado em seu trabalho? Esperou muito por uma promoção que não veio?

Que atire a primeira pedra quem nunca se sentiu frustrado. Eu já cheguei a construir uma muralha inteira com essas pedras: pedrinhas, pedronas, pedregulhos, jazidas...

Quais são as suas frustrações neste momento?

A verdade é que problemas, insatisfações ou o não atingimento de metas acontecem com qualquer um; você não está sozinho nessa.

Aqui você vai entender que a grande questão é como lidamos com as frustrações que aparecem na nossa vida e, o mais importante, vai encontrar caminhos para a superação! Mas, antes de falarmos sobre como trabalhar a frustração, precisamos entender o que de fato ela é.

Frustração é o sentimento que nos acomete quando não conseguimos realizar um desejo, uma vontade ou uma necessidade. É a reação a uma expectativa não correspondida. É uma sensação, um pensamento, um estado interior que reflete a não conquista. É quando nos sentimos mal por não ter alcançado algo em que colocamos algum empenho ou que simplesmente fazia parte do que entendíamos como natural — por exemplo, ter filhos ou netos, poder concluir os estudos, comprar a casa própria, pagar os estudos dos filhos, criar a própria empresa ou ter uma vida livre de doenças. Sim, a descoberta de uma enfermidade também pode ser uma frustração, pois ninguém espera por isso — e muitos acreditam em saúde eterna. Tem coisas e situações que nos pegam de surpresa, desprevenidos, causando mais do que simplesmente uma decepção.

Repare que a frustração tem a ver com o que esperamos das pessoas e das situações — consciente ou inconscientemente. Mas a verdade é que somos nós que criamos as expectativas e, quando elas não são alcançadas, ganhamos a frustração "de brinde". A maneira como enfrentamos e nos construímos e reconstruímos a partir desse sentimento ou dos nossos problemas e desafios é o que faz a diferença.

Para António Damásio, neurocientista mundialmente reconhecido, somos dotados de emoções primárias (como medo, raiva, tristeza, alegria, nojo), além de emoções secundárias e sentimentos, que são influenciados pelo ambiente em que estamos inseridos.[1] Entre as emoções secundárias e os sentimentos está a frustração, que, aliás, anda de braço dado com a raiva e a tristeza. Damásio também se refere às emoções de fundo, como estar calmo ou tenso, e às relacionadas com o bem-estar.

Segundo neurocientistas, o circuito neural da frustração, que é muito similar ao da raiva, provavelmente se deu por um propósito evolucionário: para empenhar e fortalecer a busca por um objetivo, caso ele fosse muito difícil de ser alcançado.[2] Acho que o ditado popular "Se correr o bicho pega, se ficar o bicho come" pode ser um dos lemas da frustração, pois, se existe um motivo para a evolução do cérebro humano ter criado esse circuito, eu diria que é para fazer o ser humano "tirar o bumbum do chão".

Do ponto de vista cerebral, a frustração é um mecanismo neural ainda não bem compreendido, mas alguns estudos mostram que ela é sentida quando uma atividade com um objetivo específico é bloqueada. A omissão ou bloqueio da recompensa é um dos principais causadores desse sentimento,[3] que também pode surgir quando não conseguimos adiar ou mudar algum resultado.

A priori, o circuito ou rede neural da frustração passa por um conjunto de estruturas cerebrais. Uma dessas estruturas é o córtex pré-frontal (PFC, na sigla em inglês), responsável pelo planejamento, tomada de decisões e inibição de comportamentos; ele avalia, seleciona e dá a resposta mais adequada a cada situação. As amígdalas cerebrais também fazem parte desse circuito; elas são responsáveis pelo processamento das emoções, principalmente raiva, medo e ansiedade, e são acionadas quando experimentamos uma situação frustrante. Outro elemento do circuito da frustração é o giro do cíngulo, que tem relação com a memória, a atenção e a regulação das emoções, sendo ativado para avaliar as situações quando há necessidade de tomar decisões. Para além disso, a frustração ativa hormônios, como adrenalina e cortisol, e neurotransmissores, como serotonina, dopamina, GABA (ácido gama-aminobutírico) e noradrenalina. Um verdadeiro coquetel: se não cuidarmos dos ingredientes, pode ser explosivo.

A frustração também está ligada à personalidade e ao temperamento, a contextos culturais e ambientais relacionados a eventos interpretativos e aprendidos. Envolve um processo ao mesmo tempo básico e refinado do funcionamento do nosso cérebro.[4]

O estudo desse tema passa por vários teóricos e pesquisadores, como Rosenzweig (1934),[5] Murray (1938), Rotter (1954), Buss e Durkee (1957), que avaliaram a percepção que temos da frustração, a maneira como reagimos a ela e a capacidade que temos de enfrentá-la.

No entanto, como este não é um livro voltado para neurocientistas, abordarei o necessário sem muito "cientifiquês". Ademais, é importante saber que frustração não é firula nem palavrão, e sim o resultado de substâncias químicas e processos elétricos da nossa cachola. É natural, normal. E mais: frustrar-se é preciso!

EMOÇÕES PRIMÁRIAS
Aquelas que todos experimentamos. A questão é como as vivenciamos.

Uma geração frustrada

Não importa se a situação é corriqueira ou extraordinária: praticamente não há um dia em que não nos defrontemos com cenários que podem gerar frustração. Esse sentimento é quase intrínseco à condição do ser humano, sobretudo na vida contemporânea.

Vivemos um momento da história em que muitas e rápidas são as transformações, e o século XXII parece que vai começar amanhã. Inteligência Artificial (IA), Uber, iFood, WhatsApp, Instagram e outras tantas inovações trazem soluções e agilidade para a vida moderna, gerando também novas profissões e demandas que nem imaginávamos vinte (ou até mesmo dez) anos atrás.

É o mundo se resolvendo de outra forma. Rápido, líquido — já diria o sociólogo polonês Zygmunt Bauman — e volátil demais.[6] Tendo em vista tudo o que tem acontecido na esfera política, econômica, cultural, tecnológica e social, aprender a fazer do limão a melhor limonada é essencial para a manutenção da saúde mental, física e emocional. E, não menos importante, precisamos entender como nos fortalecermos diante das inerentes frustrações e tirar o melhor proveito do momento.

De fato, a velocidade do mundo mudou radicalmente nas últimas décadas. Há mais de 5 mil anos, aproximadamente, foram inventadas a escrita e a leitura.[7,8] Por milênios, até a invenção da imprensa por Gutemberg, não havia outras formas de transmissão de conhecimento escrito. Então, veio o desenvolvimento das tecnologias industriais e, ainda, das telecomunicações, da informática e da internet. O ritmo da inovação se intensificou a ponto de, hoje, a todo momento surgirem novas tecnologias, plataformas e funcionalidades. Assim, nosso cérebro é forçado a se ajustar de modo cada vez mais rápido e intenso.

É inevitável a frustração de um taxista que se dedicou à sua profissão durante anos e, agora, em um piscar de olhos, precisa se adaptar e aceitar a concorrência dos aplicativos de transporte. Ou, ainda, a de uma mãe ou pai que quer passar mais tempo com os filhos (mesmo trabalhando em home office) e não consegue por causa das demandas profissionais. Como não se abater com o adiamento de um casamento ou com o que se desfez por conta de convivência mal gerida e problemas financeiros durante a pandemia?

Todavia, apesar de estarmos vivendo em uma época mais propícia a frustrações, temos, nas últimas duas décadas, lidado com gerações inteiras de crianças e adolescentes com baixíssima tolerância a esse sentimento — e creio que isso só vai aumentar se não mudarmos o modo de educar.

Se você tem filhos, já se percebeu querendo satisfazer os desejos deles com a intenção de demonstrar amor? O seu mundo gira 100% em torno da sua prole? Os desejos do seu filho estão à frente dos de outras crianças ou adultos? Se você ficou na dúvida em relação a alguma dessas perguntas, realmente este livro pode ajudá-lo. (Na plataforma digital do livro, que pode ser acessada pelo QR code após o sumário, você encontrará o **Frustrômetro Kids**, um *quiz* para ajudá-lo a responder a essas perguntas.)

Por outro lado, por que os jovens da atualidade parecem mais vulneráveis a tal sentimento? Seria culpa dos pais, que vivem ocupados, delegando sua função a babás, professores, tablets, enfim, terceirizando a missão primária de educar, acolher, transmitir valores e que, no pouquíssimo tempo que lhes resta, sucumbem ao sentimento de culpa e dizem sim a todos os pedidos dos filhos? Ou seria culpa da sociedade como um todo, que exibe nas redes sociais a vida como uma imagem perfeita tratada com Photoshop? Alguns estudos mostram que o uso excessivo de filtros está alterando a percepção que as meninas têm de sua autoimagem. Imagine quão frustrante pode ser ter que lidar com a realidade de cara lavada e — mais terrificante — sem a aplicação de cílios postiços!

A tecnologia também vem gerando novos tipos de ansiedade. Você já usou aplicativos de inteligência artificial (IA) que criam fotos, artes e projetos mais coloridos e empolgantes do que um produto 100% humano? E quando a IA nos ajuda, mas gera desconforto por ainda não dominarmos o assunto? E quanto a um medo cada vez mais comum, o de sermos substituídos pela automatização? Precisamos ficar atentos para não criarmos um novo tipo de frustração, aquele que delegaríamos aos robôs, máquinas inteligentes e algoritmos!

Quantos de nós não ficamos perdidos ou demoramos um pouco mais para sermos fluentes digitais? Até mesmo em relação às novas terminologias. Eu mesma, desde a pandemia, demorei a usar corretamente termos relacionados a educação/cursos, como modalidade presencial ao lado de híbrido, semipresencial, EAD (ensino a distância) e 100% online (digital). Ufa!

Para alguns, certas dificuldades são apenas incômodos, mas para outros podem ser trampolins para frustrações. Cada ser humano é um ser singular, resultado de processos e fatores ontológicos, neurobiológicos, genéticos e ambientais. Isso, obviamente, é resultado da nossa aprendizagem, que é intransferível e inviolável (enquanto tivermos saúde, é claro).

Neste livro, você entenderá que a maneira como cada um aprendeu desde criança a encarar adversidades, faltas, imprevistos, pesadelos e decepções pode impactar o resto de sua vida. Principalmente quando não se teve acesso a ferramentas para lidar com as frustrações e se fortalecer a partir delas. Mas a boa notícia é que podemos, sim, reaprender a lidar com tudo isso!

A pandemia aumentou as frustrações? Somos mais frustrados após a pandemia?

Ao longo dos três anos iniciais da pandemia de covid-19 (2020 a 2022),[9] pesquisas e estudos feitos no mundo todo foram revelando o que já se esperava: de crianças a idosos, aumentaram significativamente os casos de problemas mentais. Para cada grupo era um problema diferente. Os mais velhos, principal grupo de risco, sentiam o medo da morte cada vez mais perto. Crianças e adolescentes tiveram que aprender a estar em sala de aula sem sair de casa — e, sem a possibilidade de interação social, ficaram muito mais próximos dos eletrônicos.

Os adultos também precisaram se adaptar, trabalhar de casa e conviver com os filhos mesmo no horário de expediente.

Fora o medo de ficar doente, de se ver sem ajuda e até de morrer, que também assombrou todas as faixas etárias, até mesmo as crianças.

Em março de 2022, a Organização Mundial de Saúde (OMS) emitiu um comunicado dizendo que o primeiro ano de pandemia tinha aumentado em 25% os casos de ansiedade e depressão em todo o mundo. Mulheres e jovens eram os mais atingidos, segundo o informe. Pouco antes, o Unicef publicou um relatório que dizia que o impacto sobre a saúde mental e o bem-estar de crianças e jovens ainda iria durar muito tempo.

"Com lockdowns nacionais e restrições de movimento relacionados à pandemia, as meninas e os meninos passaram anos indeléveis de sua vida longe da família, de amigos, das salas de aula, das brincadeiras — elementos-chave da infância",[10] disse a diretora executiva do Unicef, Henrietta Fore, na época da publicação do relatório.

Se para todos os profissionais o baque foi grande, imagine para os da saúde que estavam na linha de frente no combate à covid-19. Durante a pandemia, pesquisadores da área de fisioterapia da Universidade Federal de São Carlos (UFSCar) fizeram um estudo específico com profissionais da saúde brasileiros da rede pública. O resultado foi assustador: 86% relataram sofrer com *burnout* e 81% com estresse.

Acho praticamente impossível encontrar uma pessoa que não tenha sofrido frustração durante esse período. Nem que seja uma do tipo soft. Por outro lado, uma vez que não tínhamos opção a não ser passar por isso, acredito que todos nos tornamos ao menos um pouco mais resilientes às frustrações que a vida traz.

Ao longo do livro, você vai conhecer algumas histórias de quem fez do limão azedo que a pandemia trouxe deliciosas caipirinhas para seguir celebrando a vida.

A origem da frustração de cada um

É útil poder reconhecer que existem pelo menos três tipos de frustração do ponto de vista de nossa racionalidade, pelos quais você pode se balizar. São eles:

- Tipo 1: vem de fora, do ambiente em que você está inserido. Por exemplo, você faz parte de uma família em que todos trabalham com gestão, com a administração de um negócio, e acredita não ter habilidades ou facilidade para lidar com os números; até gostaria de ter ou aprendeu que deveria ter. Mas sente que não se encaixa e se frustra por isso.
- Tipo 2: vem de dentro, do desejo individual, de expectativas pessoais. Por exemplo, você sempre quis ser cantor(a), mas não consegue viver só disso, ou sempre quis ter filhos, mas não consegue engravidar.
- Tipo 3: tipo 1 + tipo 2, ou seja, vem de fora e de dentro. Por exemplo: você nunca quis ter filhos, mas sente a pressão da sociedade para ter.

O seu sentimento de frustração tem uma origem mais social ou individual? Claro que muitas vezes é difícil separar onde você termina e onde começa a interferência da sociedade. Mas, por meio de investigação e conhecimentos, é possível identificar se está mais para cá ou para lá. Quando aceitamos os sentimentos incômodos, como aqueles gerados por não alcançarmos o que pretendíamos, podemos criar metáforas e entendimentos peculiares sobre como nos sentimos — e isso vale para qualquer um dos tipos citados.

Eu, por exemplo, vejo a frustração como pedras que vão pesando nos bolsos. E você? Tem gente que a enxerga como um vazio; outras pessoas, como um termômetro, em que a temperatura sobe de acordo com a intensidade da frustração; ou ainda como paralisações, quando a pessoa não consegue agir nem pensar e a vida fica empacada. No entanto, além de cada pessoa enxergar e sentir a frustração de uma forma diferente, há também vários graus desse sentimento.

Existem frustrações do tipo soft, leves, que se dissolvem como uma pedrinha de barro; tem a frustração "pedra mágica", que de repente desaparece — eu me frustro hoje e amanhã nem lembro mais; há aquelas que, como pedrinhas de bicarbonato lançadas em um copo d'água, fazem um pouco de barulho, mas depois de um tempo se dissolvem. E aquelas do tipo hard, pesadas, que precisam ser trabalhadas para se transformarem em ganhos, ou simplesmente para que a vida continue — caso contrário, podem pesar para sempre.

Posso me sentir frustrada por não conseguir os ingressos para o show do Luan Santana ou da Lady Gaga; mas também porque não conquistei o emprego almejado; ou porque não me sinto bem ao não caber em um vestido. Fui traída e estou frustrada com o fim do meu relacionamento; está difícil largar o cigarro, embora eu morra de medo de ter um câncer de pulmão. Ou ainda porque não me sinto aceita, querida e valorizada no trabalho. Posso estar preocupada em perder o emprego com as reformulações na empresa; ou descobri que a minha profissão não tem mais nada a ver comigo; ou ainda que terei que mudar de casa ou de cidade. Situações como essas podem levar a maiores ou menores sensações de frustração. Você se identificou com alguma delas?

Quais são suas frustrações hard? Quais são as soft? Será que as hard podem se transformar para deixar sua vida mais leve? Será que as soft podem evaporar ou, melhor, auxiliar no seu crescimento pessoal?

Lidar com frustrações e superá-las, para mim, é como lapidar pedras. Quanto maior a frustração, mais trabalho dá, maior o peso, maior a dor. Por outro lado, quando a superamos, mais belo e importante para sua vida será o resultado do seu esforço. Sim, esforço.

Eu pelo menos não conheço nenhuma conquista que traga satisfação sem precisar de empenho.

Quando o AVC me ocasionou perdas, precisei aprender a transformá-las em ganhos, além de deixar a vida continuar. Continuar em alegrias, realizações, risadas, conquistas. Essa experiência a princípio me gerou muitas frustrações do tipo hard. Todos podemos ter frustrações desse tipo, e algumas delas eu chamo de FF: "Frustrações que são Foda". Mas elas podem ser devidamente lapidadas e deixar de pesar ou machucar quando relembradas. Hoje, a maioria das minhas está cuidadosa e carinhosamente guardada nas caixas e gavetas de minha memória. Como a vida segue, sei que enfrentarei novas situações que poderão gerar tais sentimentos em mim, mas, utilizando estratégias e recursos, elas certamente pesarão menos.

Cuidado com a frustração do outro!

Neste livro vou falar mais sobre a *sua* frustração do que da do outro. Mas vale a pena ficar atento, pois a frustração do outro também pode te atrapalhar, e muito! Conhecer alguns dos comportamentos mais frequentes produzidos pela frustração — agressividade, apatia, racionalização e fantasias ou idealização — faz muito sentido. Isso porque muitas vezes esse conhecimento pode servir como estratégia para você não se frustrar, além de ajudá-lo a entender, pensar e agir de forma mais assertiva quando confrontado com um desses comportamentos.[11]

Fique ligado: se seu par tiver uma reação muito rude, que não é costumeira, ele pode estar frustrado. Ele pode ter desejado chegar mais cedo para o jantar e não ter conseguido por conta de uma reunião e, em vez de te contar o ocorrido, pode ser reativo e "descontar" em você.

Reafirmo aqui que não adianta pensar: "Ah, a frustração do outro não me importa!". Muitas vezes esse sentimento é como uma panela fervendo e que em algum momento transborda. Quem estiver por perto também pode se queimar, mesmo sem ter nada a ver com o caldo entornado. Portanto, sempre que falarmos ou pensarmos em sentimentos e comportamentos, o outro estará envolvido em maior ou menor medida.

Superar grandes frustrações nos torna espetaculares

Será que são o poder, o dinheiro, a fama, a beleza e a fortuna que fazem as pessoas bem-sucedidas serem menos frustradas? Será que esses elementos as blindam contra a frustração?

Pesquisando largamente sobre o tema e estudando personalidades que são consideradas de sucesso, podemos concluir que promover o autoconhecimento, relativizar expectativas e fortalecer competências emocionais é o que nos aproxima do sucesso e do bem-estar pessoal.

Lembro aqui do maestro, antes pianista extraordinário, João Carlos Martins, que, com perseverança, criatividade e resiliência, além de muitos outros predicados, é hoje exemplo e inspiração para tantas pessoas. No início de sua carreira internacional, ele passou a sofrer de uma doença muscular, causada por um distúrbio neurológico, que dificultou os movimentos necessários para tocar piano. Como mostra o filme inspirado em sua vida, *João, o maestro*, ele precisou colocar o sonho de ser pianista em uma "grande gaveta" e superar essa frustração, tornando-se um não menos espetacular maestro.[12,13]

E temos ainda o emblemático exemplo de Malala Yousafzai, a jovem paquistanesa que ficou conhecida por sofrer preconceitos e proibições em seu país. Porém, mesmo ainda menor de idade, diante de tamanho estresse e de potenciais frustrações, em vez de ficar se lamentando pelos limites impostos, ela decidiu superar barreiras se tornando ativista pelos direitos humanos, lutando para que mulheres de países islâmicos pudessem receber educação. Por sua generosidade, perseverança e coragem em expor a repressão à educação das meninas no Paquistão, acabou sofrendo um atentado em que quase perdeu a vida. Ainda assim, não paralisou; pelo contrário: sem buscar retorno financeiro ou fama, encontrou rotas alternativas para a superação, até que, em 2014, aos 17 anos, foi laureada com o Prêmio Nobel da Paz.[14]

Para mim, alguns conhecidos meus também são espetaculares, como Valdir da Prainha, um sábio pescador da cidade de Paraty, filho de trabalhadores da roça analfabetos, que aprendeu na prática ofícios complexos como a construção de barcos de pesca — projeto, casco e motor. Quando estava no ensino fundamental, sem ter tido instrução formal para isso, construiu sua própria casa, com suor e honestidade, superando frustrações com muita perseverança, criatividade e coragem. Outro exemplo é Sônia, semeadora de sonhos e vendedora de produtos cosméticos, que criou e educou quatro filhos sozinha, todos formados na faculdade. E a manicure Érica, que foi atrás do seu maior desejo: aprendeu a ler depois dos 50 anos, mesmo após várias tentativas de alfabetização frustradas e com todos ao redor alegando ser impossível. Essas pessoas fizeram de suas frustrações meras passagens que as fortaleceram rumo a suas vitórias.

Histórias inspiradoras, que quebram paradigmas, superando fragilidades e dificuldades, fazem grande diferença e valem a pena ser lembradas como exemplos.

À parte a maneira como cada uma das pessoas citadas superou suas dificuldades, me parece evidente que se fortalecer ao passar por desafios e problemas nos torna mais preciosos. A questão é como enfrentar e como minimizar as nossas frustrações. Concorda?

Ah, e não deixe de notar: superar frustrações nem sempre é resolver o problema, mas sim aprender a lidar com a situação. Só assim ela para de ser uma pedra pontuda no sapato!

A frustração é cognitiva ou emocional?

Ao longo deste livro, abordarei os dois lados. E a resposta é que a frustração é cognitiva *e* emocional. Repare que a conjunção "e" é fundamental quando falamos desse assunto, uma vez que os dois aspectos são importantes.

Não é novidade que precisamos desenvolver competências para prevenir frustrações ou lidar com elas. Treinar tanto as competências cognitivas quanto as emocionais é fundamental. Na verdade, toda competência é no mínimo cognitiva, pois, quando passamos a falar, pensar, classificar, entre outros processos mentais, estamos usando a nossa cognição. Algumas são mais explícitas em apresentar uma natureza mais emocional; por exemplo, empatia, perseverança e resiliência. Por isso as nomeei como competências emocionais.

Dói quando vivemos uma frustração, certo? Ninguém em sã consciência vai dizer: "Nossa, que gostosinho, estou me sentindo frustrado". Podemos perceber mais racionalidade ou afetividade nas ações, pensamentos e sentimentos, por isso é interessante identificar as situações frustrantes para podermos evitá-las. Vou explicar melhor.

Vamos imaginar que você queira tirar suas férias em julho e deseje ir esquiar. Quais são suas expectativas? Qual a importância que você dará a esse evento? Quanto você poderá controlar para que tudo saia como o desejado? Leve em consideração o modo como você funciona, pois há pessoas que viajam apenas pelo prazer de vivenciar novas experiências, enquanto outras são motivadas por performar no esporte (no caso, o esqui). Pensar antes para tentar minimizar as chances de dar errado e evitar problemas são atitudes racionais importantes, quando se tem tempo para prevenir.

Portanto, pense, reflita, pondere as alternativas antes de vivenciá-las. Crie e teste estratégias para alcançar um objetivo esperado; tome decisões que possam protegê-lo de desfechos desagradáveis ou negativos; busque ser assertivo diante de uma tomada de decisão e reflita, quando possível, antes e depois de agir. Invista na comunicação, no entendimento entre as partes, no esclarecimento e na procura por evidências de que seus planos poderão acontecer, ou de que sua mensagem foi compreendida.

Aprender estratégias, racionalizar, escolher, testar, decidir, refletir, comunicar, ser assertivo são atitudes que evocam pensamentos mais racionais. Mas nem no cérebro nem na vida há uma linha tão definida que separa os sentimentos dos raciocínios, a emoção da razão. E, por mais que seja relevante tratar as situações com racionalidade, assertividade e tomando decisões protetivas,[15,16] diante de uma frustração não devemos usar somente a razão. É por isso que neste livro tratarei da importância de cultivar as competências emocionais.

Sobretudo, será sempre muito importante reconhecer os aspectos que influenciam o tipo de frustração que vamos enfrentar, bem como nosso grau de expectativa. Antes de tomar uma decisão, sempre que possível, procure se perguntar: qual é a minha expectativa e quão importante é essa decisão e o resultado dela? Certifique-se de que a outra parte (quando envolvida) entendeu da mesma forma.

Como diz a expressão, "quanto maior a escalada, maior o tombo". Quem quer muito, quem muito espera, pode até alcançar, mas corre o risco de ficar muito frustrado no caminho. Por outro lado, se você conseguir desenvolver recursos para a superação, poderá se tornar ainda mais forte e capaz. Contudo, sempre vale a pena se perguntar o quanto são (ou eram) importantes aqueles esforços, fatos ou conquistas frustradas.

A seguir estão alguns passos universais que podem servir como prevenção de uma frustração:

1. Identifique uma situação com potencial frustrante.
2. Viva, sinta e pense; se concentre na situação e em seus detalhes. Visualize.
3. Racionalize e reflita para desenvolver (ou aprimorar) sua assertividade.

4. Crie e teste estratégias para passar pela situação com potencial frustrante.
5. Comunique-se da melhor forma possível. Deixe muito claro o que pensa ou espera. Busque, ao mesmo tempo, compreender o que a outra pessoa sente, pensa e entende sobre o mesmo assunto.
6. Escolha, decida o caminho a seguir.
7. Tenha um plano B para o caso de sua primeira escolha não atingir o resultado esperado.

Use esses passos sempre que estiver diante uma situação de potencial frustrante. E, como você verá ao longo do livro, é importante se manter em processo de autoconhecimento e cultivar suas competências emocionais.

Dá para viver sem a frustração?

Quisera eu ter nascido e poder viver em uma sociedade sem frustração. Como isso não foi possível, vamos aprender a lapidar as "pedras" que carregamos e torná-las mais leves. Mesmo que a minha frustração nunca venha a ser a sua — por mais que estejamos próximos ou que o motivo pareça o mesmo —, o que fará a diferença para a nossa qualidade de vida serão o nosso empenho e os recursos de que dispusermos para a superação.

Uma pedra não é plástica, mas nosso cérebro é. E nosso cérebro, conectado ao corpo, cria emoções que podem ser lapidadas. A transformação de pedrinhas em pérolas (resultado de grãos de areia invasores de ostras) é uma imagem inspiradora para nosso trabalho de transformação pessoal, em que "pedras frustrantes" no caminho se tornarão, por meio da Plasticidade Emocional, "pedras preciosas". Este livro é um convite para você se fortalecer!

1

A neurociência das emoções

O cérebro emocional responde a um evento com muito mais rapidez do que o cérebro racional.

DANIEL GOLEMAN

A Organização Mundial da Saúde (OMS) define a saúde como "um estado de completo bem-estar físico, mental e social, e não somente ausência de afecções e/ou enfermidades".[1] Muitos estudos apontam que a doença que mais vai assolar o mundo num futuro próximo não será uma doença do corpo, como câncer, AVC, infarto ou o vírus da imunodeficiência humana (HIV), mas sim uma doença da mente: a depressão.[2]

Hoje, já são mais de 322 milhões de pessoas sofrendo de depressão em todo o mundo; no Brasil, são aproximadamente 11,5 milhões.[3] A grande ocorrência de depressão é certamente uma notícia preocupante. A pandemia de covid-19 aumentou muito o sofrimento e fez piorar alguns índices, que citei na Introdução. Mas o aspecto positivo desse cenário é que, se aprendermos a lidar melhor com tristeza, raiva, ansiedade e frustração, adoeceremos bem menos. E, se treinarmos competências emocionais, a palavra de ordem não será mais doença, e sim saúde!

O normal e o patológico

A alegria e a tristeza são cores da "paleta emocional" de nossa vida. Como já mencionado, todo ser humano saudável experimenta emoções e sentimentos, fica alegre e triste, com raiva e frustrado.

A tristeza se constitui na resposta humana universal a situações de perda, derrota, desapontamento e outras adversidades. Embora ninguém goste de ficar triste, sentir tristeza não é apenas normal — é necessário! Assim como a alegria nos conecta com o outro, com o social, a tristeza traz introspecção, mudanças fisiológicas e psíquicas para a transformação pessoal.[4] Do ponto de vista evolucionário, a tristeza, assim como a alegria e todas as outras emoções, tem valor adaptativo, uma vez que, por meio do retraimento que lhe é típico, nos faz poupar energia e recursos para o futuro, além de provocar reflexão. Agora imagine se não houvesse a tristeza. Como afirmou certa vez o pesquisador norte-americano Robert Wright, "Se a alegria que vem após o sexo não terminasse nunca, os animais copulariam apenas uma vez na vida". Ou seja, se a tristeza não existisse, a raça humana seria extinta![5]

Você já assistiu ao filme *Divertida Mente* (2015), da Disney-Pixar? Se não viu, é uma excelente oportunidade para aprender de um jeito lúdico sobre a necessidade de vivenciar e aceitar as emoções que nos parecem desagradáveis. Os personagens principais da animação são o Raiva, a Alegria, a Tristeza, o Medo e a Nojinho, ou seja, algumas das nossas emoções primárias, aquelas que sentimos independentemente de querer ou não. No *Divertida Mente 2*, de 2024, novas emoções aparecem; entre elas, a Ansiedade! É interessante observar como essas emoções funcionam e impactam o nosso comportamento. Vale ainda atentar para o fato de que o que pode nos atrapalhar não são as emoções, mas a maneira como lidamos com elas.

No entanto, o que o filme não discute é algo que também está ligado às emoções primárias (e a muitos outros elementos, tais como genética, fatores hereditários, influência ambiental): a doença da depressão. Sim, o filme aborda o funcionamento saudável das emoções no cérebro, e não o patológico, como é o caso da depressão. Na animação, uma pré-adolescente, Riley, sente todas as emoções descritas devido a frustrações decorrentes da mudança de sua família de cidade, como não ter os velhos amigos por perto e não praticar seu esporte favorito.

Mas sentir tristeza ou frustração não necessariamente tem a ver com adoecer de depressão!

Quando nos sentimos frustrados, é comum falarmos que estamos "deprê". Embora a expressão esteja presente no nosso vocabulário cotidiano, há diferenças entre a tristeza da doença depressão e a tristeza da frustração, e apenas um profissional pode fazer esse diagnóstico — não seu amigo ou sua mãe, nem mesmo você.

A depressão pode surgir sob os mais variados quadros clínicos, entre os quais transtorno de estresse pós-traumático, demência, esquizofrenia, alcoolismo ou outras doenças. Pode ainda ocorrer como resposta a situações estressantes ou a circunstâncias sociais e econômicas adversas, por exemplo. E não inclui apenas alterações do humor (tristeza, irritabilidade, falta da capacidade de sentir prazer, apatia), mas também uma gama de outros aspectos, entre eles alterações cognitivas, psicomotoras e vegetativas (sono, apetite etc.).[6]

Entretanto, uma coisa é certa: a depressão altera a química cerebral, e isso não é "mimimi". É um assunto sério e precisa de cuidados médicos, psicológicos, nutricionais, terapêuticos, entre outros. Cada caso é um caso, por isso não há uma única "receita".

São muitas as situações que podem nos levar à tristeza profunda, mas apenas algumas pessoas desenvolvem depressão. Vou exemplificar melhor por meio da história de uma pessoa que, mesmo tendo passado por uma situação que é conhecida popularmente como a pior dor da vida — a morte de um filho —, parece não ter deixado que a depressão se instalasse.

Do luto à luta: superando a dor da perda

O que acontece quando alguém muito querido perde a vida? E se essa perda foi muito prematura, e causada por um descuido médico, pela negligência de instâncias governamentais ou por tantas outras causas?

Todos nós vivemos a pandemia de covid-19 e cada um, na sua medida, sofreu consequências. Não dá para passar por uma crise de saúde dessa magnitude e não ter uma marca... Mas a família do ator e comediante Paulo Gustavo, queridíssimo dos brasileiros, teve um pedaço de seus corações violentamente machucado durante as primeiras fases do surto da doença.

O ator sofria de asma leve, de acordo com seus médicos. No dia 2 de abril, quando iniciou o tratamento com oxigenação extracorpórea (ECMO) — uma espécie de pulmão artificial —, contraiu uma pneumonia bacteriana, além da inflamação causada pelo coronavírus. Da internação no dia 13 de março até sua morte aos 42 anos, em 4 de maio, foram mais de cinquenta dias — tempo, no entanto, insuficiente para preparar sua mãe, dona Déa Lúcia, inspiração de uma de suas personagens mais famosas, parentes, amigos e fãs para sua ausência neste planeta (ou neste plano, como muitos se referem).

Durante esse período de pandemia, eu mesma perdi alguns familiares e amigos, em especial a Karin, que contraiu o vírus, foi internada e, num triz, intubada para não mais retornar. Foi tudo tão rápido que a família mal soube o que estava acontecendo e não houve sequer a possibilidade de realizar os rituais de despedida.

Reações de luto, normalmente, podem se estender por até um ou dois anos,[7] devendo ser diferenciadas dos quadros depressivos propriamente ditos. No luto, diferentemente do que ocorre na depressão, a pessoa usualmente preserva certos interesses e reage ao ambiente quando é estimulada e acolhida de forma positiva.

Quero deixar claro que superar a dor da perda de alguém, além de não ser nada fácil, não é esquecer ou tampouco "enterrar" a pessoa em uma mente frustrada, mas transformar a dor em algo que lhe é de um quilate muito caro. A dor permanece ali, mas como algo que enobrece, que nos agrega valor por termos tido o privilégio de conviver com a pessoa querida. Se o sofrimento se tornar muito custoso, a ponto de a vida começar a perder a cor, a voz e a alegria, procure ajuda profissional. Sofrimento não tem graça — só nas piadas do Paulo Gustavo, este para sempre exemplo de risos e graças.

Na minha reabilitação pós-AVC, aprendi a importância de um tratamento psiquiátrico competente e cuidadoso quando mergulhei no que o médico chamou de depressão grave, que, de modo figurado, também se constituiu em uma morte psíquica para mim. Que medo! Mas o tratamento para essa doença, junto com outras iniciativas, me fez emergir do fundo do poço — e essa expressão é bem apropriada! Doenças como o AVC, e várias outras, podem levar à depressão.[8]

Aprendi também a importância de cultivar competências emocionais. Foi o que fiz durante a minha reabilitação, o que continuo a treinar diante dos desafios que aparecem e também o que trabalho com meus pacientes. Na verdade, é uma forma "colorida" de enfrentamento da vida. E, como dizia Jean-Paul Sartre: "Não importa o que fizeram com você. O que importa é o que você faz com aquilo que fizeram com você!".[9]

A tristeza da frustração

Segundo Sêneca, filósofo da Antiguidade, a frustração vem da raiva que sentimos por não termos nossas expectativas atendidas.[10,11] Para esse pensador, é imperativo saber como manejar raiva, ansiedade, tristeza, amargura e autopiedade. Sábio Sêneca, que via na superação dos sentimentos um bem maior.

Como vimos anteriormente, não confunda: tristeza e frustração não são o mesmo que depressão! Mas como posso saber se a tristeza que sinto é decorrente das minhas frustrações ou se é um sinal de depressão?

A tristeza da frustração vem dos eventos internos ou externos que não atingiram nossa expectativa. A partir daí, é natural que passemos períodos melancólicos, introspectivos.[12] É a tristeza da qual falei no início deste capítulo, aquela que nos impulsiona para a reflexão e a mudança. No entanto, quando esses momentos, por um determinado motivo, tomam demasiado espaço e tempo da sua vida, e você acredita que não está conseguindo de forma alguma superá-los, é hora de procurar auxílio de um profissional da área. Devemos também nos acostumar a buscar a prevenção! Não precisamos ficar com a água no pescoço para procurar ajuda, concorda?

"Mas minha frustração e minha tristeza podem virar depressão?"

Sim, podem, e seria muito bom se houvesse uma fronteira bem demarcada para distinguir claramente a tristeza profunda proveniente de uma frustração daquela causada pela depressão.[13] Os sintomas da frustração e do transtorno depressivo maior podem de fato ser parecidos: diminuição da autoestima e da motivação, sensação de culpa e de fracasso, pessimismo, falta de energia, exagero na gravidade dos problemas.[14] A tristeza do dia a dia, que, como eu disse anteriormente, é advinda de nossas frustrações, tem que ser vivenciada, mas normalmente não se prolonga em demasia nem influencia o ritmo normal da vida. Já a tristeza advinda da depressão deve ser observada com mais cuidado: como sua natureza é decorrente da mudança da química cerebral, suas consequências são sentidas de maneira mais profunda e devem ser tratadas pelo médico especialista.

Raiva, eu?

Você consegue imaginar uma vida sem passar raiva? Soa impossível, não é mesmo? Assim como tristeza, sentir raiva também é normal e necessário. Embora a raiva possa ter resultados negativos — como fazer alguém sair machucado ou fazer você "mudar" de cor —, ela também tem seu lado positivo quando traz uma força mobilizadora que, na maioria das vezes, nos leva a ações de mudança e fortalecimento.

A raiva é uma emoção primária, cujas bases neurobiológicas se apresentam em sistemas mais primitivos — o límbico e o nervoso autônomo. É uma emoção que está muito vinculada a um programa motor relacionado à luta. Reações no contexto de luta/raiva traduzem uma significante demanda metabólica, pois, se estamos "prontos para lutar", será necessário o aumento de batimentos cardíacos, bem como o aumento da atividade respiratória e, inclusive, da pressão sanguínea, que fará o sangue fluir mais rápido. É provável notar efeitos vasoconstritores na periferia do corpo, como nas mãos e nos pés. E ainda o aumento da circulação sanguínea em alguns locais do rosto, além de outros sintomas.

A frustração tem a ver com circuitos neurais da raiva e com a redução da atividade cerebral no corpo estriado. Traduzindo, o corpo estriado exerce um papel importante na preparação e no sequenciamento de programas motores, na execução automática de programas motores aprendidos, na regulação do tônus, na força muscular e na amplitude e velocidade do movimento. Daí a sensação de paralisação do corpo quando sentimos raiva.

Também pode resultar em dificuldade na atividade do córtex frontal ventromedial, responsável pelo planejamento de um comportamento cognitivo complexo, seja na tomada de decisões, na expressão da personalidade ou até mesmo no ajuste do comportamento e do raciocínio mais social. Os córtices dorsomedial, lateral e inferior também participam e são importantes na atenção e na motivação.

Muitos estudos ainda virão para que tenhamos uma melhor compreensão desses fenômenos no cérebro, que podem causar mais sofrimento ou menos, dependendo da pessoa afetada.[15]

Dá para reconhecer quando você ou o outro está entrando no ciclo da raiva?

De modo geral, podemos identificar um ciclo da raiva em cinco fases.

1. Gatilho;
2. Escalada;
3. Crise;
4. Recuperação ou possível frustração;
5. Depressão ou ira.

A fase de gatilho se instala quando um evento inicia o ciclo da raiva ou ainda quando retroalimentamos o ciclo, fazendo um grande mal à nossa saúde emocional, mental e até mesmo física!

Compreender esse ciclo nos ajuda a entender nossas próprias reações e as dos outros. Se você ficar atento às fases, pode mudar alguns comportamentos e, assim, lidar melhor com a raiva e, consequentemente, com a frustração.

Muitas pesquisas apontam ações que ajudam a evitar a raiva que potencializa a frustração. Por exemplo, se você está ficando chateado com seu companheiro, que passou a exagerar na bebida, procure pensamentos relacionados a apoio, compreensão, gentileza e compromisso, e não pensamentos de rejeição ou retaliação.

A seguir, algumas dicas clássicas para evitar a raiva que pode se transformar em frustração:

- **Admita.** Admitir que está triste ou com raiva de você mesmo ou de outra pessoa pode neutralizar o ciclo.
- **Acredite.** Acreditar que você pode controlar sua raiva ou que a tristeza ou indignação vai passar também ajuda no processo.
- **Acalme-se.** Respirar e procurar se controlar será necessário.

- **Decida.** Procurar escolher uma resolução trará maior domínio de si.
- **Seja assertivo.** Expressar-se de modo assertivo e dizer exatamente o que precisa, de modo claro e tranquilo, evita conflitos e, por extensão, a raiva.

Mesmo quando você não se sente enfurecido, pode estar irritando seu parceiro sem querer ao usar palavrões ou palavras como "nunca", "sempre", "o pior" etc. Lembre-se: provocar seu parceiro pode alimentar ou iniciar o ciclo vicioso da raiva.

É verdade que existem pessoas mais coléricas e vulneráveis às frustrações, além do fato de que o que é frustrante para uma pessoa pode não ser para outra. Isso fica bem claro quando observamos crianças, que dificilmente disfarçam seus sentimentos. E atenção: também existem pessoas que, mesmo sendo mais raivosas, podem não entrar no ciclo da frustração. São bons temas para estudos futuros.

É ansiedade ou frustração? E o estresse?

Outro sentimento que também se confunde com a frustração é a ansiedade. Fazendo uma breve comparação, a ansiedade penderia mais para o futuro e a frustração, para o passado. Em certa medida, ambos fazem parte da saúde integral do ser humano, do movimento da vida. Em que lado dessa balança você está agora?

A frustração é resultado de fatores emocionais, comportamentais e fisiológicos na relação com o ambiente. Os fatores mencionados foram sendo programados nos humanos pelos milhares de anos que nos diferenciam de outras espécies, enquanto o meio interagia e respostas eram aprendidas (e continuam sendo). Na história da evolução humana, havia boas razões para o nosso organismo reagir ao estresse — por exemplo, a aproximação de um leão ou de uma cobra. Mas, por incrível que pareça, o mundo contemporâneo cria muito mais situações que levam ao estresse do que na época das cavernas.

Fazendo uma analogia, antes a estrada tinha uma cobra ou um leão, alguns buracos e permitia a marcha a 5 quilômetros por hora. Hoje a estrada da vida continua a mesma, porém com muito mais obstáculos; vivemos a 200 quilômetros por hora e ainda sendo obrigados a responder mensagens de WhatsApp no meio do caminho, além de termos várias outras demandas. Essa velocidade e esses tantos obstáculos causam estresse, ansiedade e também frustrações.

E basta estar vivo para experienciar tais sentimentos. Por exemplo, imagine encontrar-se depois de dois anos com uma ex-namorada que fazia você tremer na base ou até ficar abestalhado. Bate um frio na barriga, seu coração acelera, e você acha que vai ter um ataque do coração ou, pior, que vai falar ou fazer alguma bobagem da qual se envergonhará pelo resto da vida. Você fica vermelho, gagueja na frente dela, e, detalhe, o novo namorado dela está junto. Uma catástrofe ou uma experiência para você se fortalecer?

Numa situação como essa, você pode vivenciar uma ansiedade com potencial frustrante, uma ansiedade estressante ou, pior, uma ansiedade estressante e megafrustrante! Se perceber que hoje você está melhor do que ela e não a quer nem pintada de ouro, você só passou pela ansiedade que o encontro causou. Mas, se você sentir que ainda gosta dela e que o tal namorado é realmente bacana, pode ficar frustrado. O estrago pode acontecer se você se considerar sem atrativos e ficar estressado e frustrado por achar que nunca conseguirá uma pessoa como ela. Isso sim é uma verdadeira bomba!

Contudo, a frustração pode levá-lo a outros destinos: você pode perceber que quer reconquistá-la ou que tem outros caminhos para percorrer, que o farão mais forte, mais sábio e mais preparado para um novo relacionamento. E mais: talvez descubra que está pronto para outra relação — uma melhor ainda. Pasme: essa é uma frustração positiva!

Sim, a frustração pode ter efeitos positivos se fizer você tomar uma atitude para sair daquela situação!

Se você não passar em um concurso que iria duplicar o seu salário, pode ficar — além de menos rico, é claro — triste ou com raiva, ou, ainda pior, frustrado do tipo hard. Mas você terá no mínimo duas escolhas: ficar paralisado, como se estivesse preso em um bloco de concreto, ou mudar de direção. Ou seja, você pode ficar sofrendo e se lamentando, ou pensar, refletir e escolher outro caminho. Apesar de frustrado por não atingir os pontos para passar no concurso, pode vivenciar desfechos positivos a partir dessa experiência. Pode analisar o que fez de errado ou o que deixou de fazer e tentar novamente. Pode fazer um balanço do ônus e do bônus desse esforço e decidir adiar esse projeto ou mudar de estratégia. Pode ainda escolher outra forma de incrementar sua renda e, nesses caminhos ou atalhos, acabar encontrando paisagens e experiências muito positivas e coloridas. Neste livro, vou abordar casos que ilustram como esse sentimento pode ser positivo e promover muitos ganhos pessoais.

Mas, claro, a frustração também pode ser muito negativa. Quando os hormônios liberados pelo estresse — como o cortisol — são secretados durante períodos prolongados, como em situações crônicas de frustração, eles causam inflamações ou reações tóxicas em nosso organismo que podem levar a sérias doenças.[16]

A ansiedade também está geralmente associada a um estado emocional negativo, mas, por incrível que pareça, é um fluxo natural de nossa química neurobiológica, criada pela evolução para guiar para a frente. Se uma pessoa tivesse um nível de ansiedade próximo a zero, provavelmente ficaria esperando as coisas acontecerem. Por isso, costumo dizer que há a ansiedade negativa, mas também a positiva. A ansiedade pode derivar da percepção de risco ou perigo em potencial, que, por sua vez, pode ser real ou imaginário! No entanto, quando essas sensações se tornam muito frequentes ou muito intensas, precisamos dar atenção a elas. Quando geram sofrimento e/ou sintomas físicos, comprometendo o dia a dia da pessoa, podem ser sinais da presença de uma doença da mente ou, ainda, de um transtorno mental.

A ansiedade pode causar sintomas como os descritos a seguir.

1. Frequência respiratória mais curta.
2. Mãos frias ou suadas.
3. Sensação de "frio na barriga".
4. Coração acelerado.
5. Sensação de paralisação diante do desafio.
6. Fala muito rápida, sem respiro.
7. Sensação contínua de que é necessário fazer coisas diferentes do que está fazendo no momento.
8. Mente inquieta e com muitos pensamentos.
9. Mudanças frequentes de pensamento.
10. Tensão descarregada por meio de ações como roer as unhas, mascar chiclete, cutucar a pele etc.
11. Problemas de concentração.
12. Fraqueza física.

Na plataforma digital deste livro, que pode ser acessada pelo QR code após o sumário, há um frustrômetro, um teste que lhe dará uma boa ideia de como você está lidando com suas "pedras"! Você também pode buscar no Google mais informações sobre sintomas de ansiedade, tristeza, raiva e ligados à frustração, mas fique atento: procure sempre inventários ou *quizzes* baseados em pesquisa científicas, ok?

Existe ansiedade frustrante ou frustração por ansiedade?

Na verdade existe uma relação bem estreita entre esses dois sentimentos, uma vez que a ansiedade pode gerar muita frustração e raiva.

No geral, as pessoas pensam que a ansiedade leva à raiva e não à frustração. O fato é que, se não lidarmos bem com nossa ansiedade, esta pode, num clique, virar frustração!

A ansiedade frustrante pode preceder, acompanhar ou seguir um episódio de ansiedade, medo, nervosismo e estresse elevado ou ainda ocorrer "do nada", sem motivo aparente. Também pode acontecer em ondas, ou em um momento e não em outro. Muitas personalidades ansiosas se tornam mais frustradas por facilmente elevarem o estresse junto à ansiedade. Afinal, o excesso de estresse contribui para piorar esses estados. Há várias outras interconexões entre ansiedade, estresse e frustração. Por exemplo, quando elevamos a ansiedade, nos tornamos mais impacientes, e a impaciência facilita a frustração.

O estresse elevado pode conduzir a sentimentos erráticos, imprevisíveis e até ao embotamento emocional. Também amplifica a preocupação e a instabilidade emocional, podendo causar um aumento da frustração.

Dada a singularidade humana, existem pessoas que sentem suas emoções com mais dramaticidade. Eu sou uma dessas pessoas, e muitos dos meus pacientes também são. Por isso considero importante aprender sobre o PIM, conceito criado por mim e descrito no livro em que sou coautora, *Educação emocional para professores* (Editora Appris). PIM significa Perceber, Identificar e Manejar as emoções, e é crucial para interpretarmos corretamente nossa realidade emotiva e desenvolvermos recursos de condução e interpretação mais assertivos. Logo, a frustração — seu tamanho, peso e duração — vai depender de outros processos do cérebro humano.

Cada vez mais, sabemos que existe uma estreita relação entre mente e corpo, e que é fundamental entendermos que os pensamentos e os sentimentos podem afetar diretamente a saúde física, e vice-versa. Para o bem ou para o mal, o certo é que eles nos impactam de modo único e individual. Por isso, não há receita universal, mas ler e aprender sobre o assunto vai ajudar você a encontrar, sobretudo, o seu bem-estar.

Permita-se sentir

Permita-se sentir tristeza, raiva, ansiedade e também frustração. São sentimentos que fazem parte da normalidade e do dia a dia. Dê a si mesmo, inclusive, espaço e tempo para ficar quieto e ressignificar as dificuldades. Você não precisa (aliás, nem deve) ser um Buda, nem ter um sorriso de Photoshop todo dia e toda hora.

Tristeza, ansiedade, raiva e frustração fazem parte da normalidade, e minha proposta é: não deixe nenhuma delas tomar conta da sua vida! Se você sente que aquela demissão ou aqueles quilinhos a mais podem se tornar uma frustração, busque um "antídoto": treine sua Plasticidade Emocional, conceito que será apresentado no próximo capítulo!

2

Plasticidade Emocional para superar a frustração

> *Quando digo manejar emoções, quero dizer apenas as emoções realmente angustiantes e incapacitantes. Sentir emoções é o que torna a vida rica. Você precisa de suas paixões.*
>
> DANIEL GOLEMAN

As emoções interferem em todas as esferas de nossa vida. São resultado de centenas de milhares de anos de adaptação e aprendizado, e influenciam todas as decisões e escolhas do ser humano.[1]

Parafraseando René Descartes, criador da icônica frase "*Cogito ergo sum*" ("Penso, logo existo"), eu digo: "Me emociono, logo existo". Por isso, um bom começo para trabalharmos as frustrações é perceber, identificar e encontrar estratégias para lidar com as emoções e os sentimentos no dia a dia. Por exemplo, se estamos tristes, podemos apresentar uma queda de rendimento acadêmico ou no trabalho. Se estamos com raiva, podemos ficar menos atentos e tomar atitudes desastrosas. Se sentimos medo, podemos ficar paralisados e não ir ao encontro de um objetivo. Se nos sentimos frustrados, podemos ficar sem energia, muito tristes ou ainda bem raivosos, e vice-versa. Logo, mais frustração significa mais raiva e menos aprendizagem. Ou, ainda, mais frustração é igual a mais angústia e maior desânimo.[2]

Quando passei pelo meu terremoto cerebral, que me deixou com graves sequelas por um tempo, tive a oportunidade de "mergulhar" em aspectos muito basais da sobrevivência. Por meio dessa experiência, entendi como se dava a relação entre respostas fisiológicas automáticas (emocionais) e reações de que eu poderia me conscientizar e treinar para uma melhor recuperação.

Apesar de na época não conseguir usar minha racionalidade com a clareza e a eficiência de hoje, era possível perceber o quanto as emoções participavam da relação entre o corpo e o cérebro.

Percebi que existe uma certa ordem na reabilitação de funções cerebrais, e o que passou a ser muito evidente foi o quanto as sensações agradáveis causadas pelas minhas emoções me auxiliavam na batalha pela superação. A consciência e a respiração, subjacentes ao treino físico, cognitivo e emocional, foram de fundamental importância.[3]

Anos após ter passado pelo AVC, comecei a me debruçar para valer sobre os livros de neurociência, para entender na teoria o que vivi na prática. Aprendi na pele que Neuroplasticidade — também conhecida como Plasticidade Cerebral — é a capacidade do cérebro de reconfigurar suas estruturas e funções de acordo com as experiências e particularidades de cada indivíduo.[4]

Pesquisei sobre os estudos de Daniel Goleman, Paul Ekman, António Damásio, Richard Davidson, Michael Merzenich, Jaak Panksepp, entre outros que foram referências para que eu pudesse evidenciar que o que estava inferindo não estava apenas na minha "cabeça" (vivência), mas fazia parte de pesquisas de crescente robustez ao redor do mundo.

Durante minha reabilitação, percebi que não bastava utilizar a melhor técnica do mundo para exercitar as pernas e os braços e recuperar os movimentos se aquela atividade não fizesse parte de algo maior, como um propósito ou uma meta. E mais: eu precisava ser estimulada emocionalmente para, como protagonista, fazer um exercício reabilitador com maior eficácia e melhor resultado. Logo, passei a dar mais atenção ao que sentia e a testemunhar a força que minhas ações tinham quando eu respeitava e cuidava das minhas emoções.

Repare que me refiro ao treino das competências emocionais e não ao controle fisiológico das emoções. Reafirmo aqui a importância de discernir que existe um entendimento mais automático das emoções, ligado à sobrevivência e circunscrito às bases biológicas do ser humano. E existe outro entendimento ligado a reações que podem ser mudadas por meio da consciência e do treino.[5]

Partindo da minha experiência, cheguei ao processo prático de treinar certas competências emocionais para promover mudanças qualitativas em minha vida. Batizei esse processo de Plasticidade Emocional.

O que é a Plasticidade Emocional?

Quando falamos de emoção, não falamos de "meio" medo, "quase" raiva, mas de experiências vividas por inteiro. Portanto, treinar a Plasticidade Emocional é considerar o ser humano como um todo.

A Plasticidade Emocional é traduzida no treino consciente de certas competências, as quais podemos otimizar para promover, recuperar ou modificar nosso desempenho. É um conjunto de competências emocionais que devem ser estimuladas para que possamos melhorar nossa performance e nosso bem-estar.

Treinar sua Plasticidade Emocional significa exercitar ao menos três competências para, por exemplo, conseguir superar uma frustração. Mas por que pelo menos três competências devem ser treinadas? Bom, cheguei a esse número a partir da minha experiência pessoal e profissional, com os meus pacientes. Ademais, você vai notar que a maioria das competências elencadas "atua" em conjunto. Ao lidar, por exemplo, com a frustração após uma decepção com um amigo, se você escolher treinar a resiliência, poderá estar treinando também o perdão e a perseverança.

O cérebro tem vários "sistemas" que possibilitam seu funcionamento. E esses sistemas incluem áreas estruturais e funcionais que geram circuitos (ou redes) com atuação em conjunto[6] — assim como um circuito de musculação funcional da academia, que consiste em vários exercícios físicos diferentes, ordenados, sequenciados ou coordenados entre si em prol de um todo.

Por uma questão didática, trato aqui as competências separadamente. Portanto, não se preocupe com as fronteiras entre elas, pois esse é um problema teórico e quem deve se ocupar disso é o neurocientista. O mais importante é saber que as competências emocionais, geradas por circuitos cerebrais, estão ao seu dispor, para serem utilizadas conforme sua necessidade e experiência pessoal.

A Plasticidade Emocional ou Emoplasticidade ainda deverá ser muito mais estudada, pois seu conceito é recente, assim como a inteligência emocional, que teve suas origens bem antes de Daniel Goleman a divulgar para o público mais leigo ou menos científico, e a sistematizar para enfim ser usada amplamente a ponto de ser universalmente conhecida. Recentemente, publiquei um artigo[7] em uma revista internacional mostrando a importância de treinar ou desenvolver as competências emocionais, a fim de enfrentar problemas e desafios, inclusive problemas mentais e físicos. Aliás, o processo entre a escrita do artigo e sua aceitação em uma revista concorrida e relevante no meio científico me fez passar por diversas frustrações e superações. No artigo, intitulado "Fostering emotional plasticity in acquired brain injury rehabilitation" e publicado na *Springer Nature*, trago o conceito de Plasticidade Emocional, do ponto de vista científico, como importante em face dos esforços para melhorar as condições psicológicas na reabilitação de traumas cerebrais. Chamo a atenção para o bem-estar e o desenvolvimento de competências emocionais em contextos de reabilitação, em que os esforços em direção à Plasticidade Emocional devem ser adaptados individualmente aos objetivos, interesses e necessidades singulares da pessoa, não perdendo nunca de vista sua motivação, alegria e fé.

Plasticidade Emocional para lidar melhor com a frustração

Já estamos de acordo que as competências emocionais podem ser treinadas, certo? Cultivar as competências emocionais, lapidá-las e criar novos caminhos para a superação de suas frustrações é mais do que preciso: é *precioso*!

Por meio do meu trabalho com a neuropsicologia e a psicopedagogia, fui confirmando e ampliando minha observação e entendimento sobre a Plasticidade Emocional que acontecia com meus pacientes quando eles superavam dores, dificuldades e frustrações.

Nos capítulos a seguir, vou introduzir as catorze principais competências emocionais que, segundo minha experiência e meus estudos, são importantes para a superação da frustração. Se essas competências forem treinadas e sua consciência sobre elas ampliada, será mais fácil atingir o bem-estar e, principalmente, lidar com o inevitável sentimento da frustração.

Para deixar mais completa a explicação do que está por vir, em cada capítulo vou apresentar a maneira como a neurociência e outras disciplinas enxergam as potencialidades de cada uma dessas competências. Além disso, trarei casos que se destacaram em diferentes campos graças a uma ou mais competências treinadas.

Discorrerei sobre como as competências podem auxiliar a transformar as frustrações em experiências positivas, além de dar dicas para treinar cada competênciatendo como objetivo uma maior tolerância à frustração ou ainda a minimização de seus efeitos negativos.

As competências para sua Plasticidade Cerebral

Listo a seguir as competências que podem fazer toda a diferença em nossas vidas e minha visão pessoal sobre cada uma, além de apontar algumas personalidades conhecidas que têm essas competências específicas de maneira destacada.

1. *Criatividade*: trata-se da capacidade de inventar, imaginar novas soluções para problemas, de maneira não usual, em que ninguém até o momento pensou.
   Criar com renovação, ousadia e valor.
   Personalidades inspiradoras: os criadores do Google, Sergey Brin e Larry Page.
2. *Intuição*: conhecimento direto e espontâneo, não mediado, de uma verdade de qualquer natureza, que serve de base para o raciocínio discursivo e consciente. Remete não apenas às coisas e pessoas, mas também às relações entre elas.
   Estar com as antenas sintonizadas com o cérebro, a emoção e o coração, concomitantemente.
   Personalidade inspiradora: o piloto Chesley Sullenberger, conhecido como Sully, que em 2009 realizou o pouso de um avião no rio Hudson após uma pane nos motores, salvando os 155 passageiros a bordo.
3. *Otimismo*: é o exercício de acreditar que tudo tem uma solução, mesmo quando confrontado com as maiores adversidades. Diferentemente de alguém que nega a realidade, o otimista acredita nos desfechos positivos.
   Disponibilidade para ver as coisas pelo lado bom.
   Personalidade inspiradora: o ator Michael J. Fox, diagnosticado com Parkinson no início da vida adulta.
4. *Empatia*: habilidade de se colocar no lugar de outra pessoa. Compreensão dos sentimentos, desejos, ideias e ações de outrem. Exige um ato de envolvimento emocional e cognitivo em relação ao outro, a um grupo ou a uma cultura. Capacidade de interpretar a comunicação não verbal para "sentir" o sentimento do outro.

Encaixar o seu coração no coração do outro.

Personalidade inspiradora: o médico americano Patch Adams, que "calçava o sapatinho alheio".

5. *Generosidade*: em oposição à mesquinhez, significa fazer algo de bom ao outro sem esperar nada em troca, mesmo que haja custo (material ou emocional) para quem pratica.

    Gente que é gente recheia de bondade e valor a vida do outro, com o coração pleno de gratuidade.

    Personalidade inspiradora: o ator e ativista Keanu Reeves.

6. *Gratidão*: agradecimento pleno, reconhecimento verdadeiro dos aspectos positivos da vida.

    Dar graças às oportunidades, à vida e ao acontecido.

    Personalidades inspiradoras: a modelo Paola Antonini, que aos vinte anos perdeu uma perna e, mesmo diante da adversidade, tem uma vida plena e se tornou ativista e influenciadora; e o monge David Steindt Rast, dedicado a promover o diálogo inter-religioso e a integração entre religiosidade e ciência.

7. *Gentileza*: ato de educação e de respeito com o outro ao ser educado, amável e cordial. Realizar, com alegria, pequenos grandes gestos.

    Gente contente enfeita com sorrisos o coração do outro.

    Personalidade inspiradora: o cientista Richard Davidson, estudioso das competências emocionais.

8. *Perseverança*: qualidade de quem tem firmeza nos propósitos, tenacidade e disciplina para a conquista de um objetivo.

    Realização constante misturada à esperança de fazer a grande diferença.

    Personalidade inspiradora: o atleta paralímpico Fernando Fernandes.

9. *Foco*: ponto de conversão e manutenção da atenção. Escolher um alvo de interesse.

Corpo e mente concentrados e atentos no alvo.

Personalidades inspiradoras: o tenista Roger Federer, o jogador de golfe Tiger Woods e o pesquisador Daniel Goleman.

10. *Coragem*: enfrentar o outro ou determinada situação com bravura. Atitude de enfrentamento, convicção e destemor.

    Coração forte!

    Personalidades inspiradoras: o líder indiano Mahatma Gandhi, a ativista Malala Yousafzai e a surfista Maya Gabeira, que, um ano após sofrer um grave acidente no mar, escolheu o mesmo local para retomar sua rotina de competições.

11. *Resiliência*: o termo nasceu a partir da elasticidade, uma propriedade material que faz certos corpos ou estruturas voltarem a sua forma original após sofrerem deformações. Aplicada em nossa vida, é a capacidade de adaptação e recuperação diante de uma adversidade. É diferente de resignação, conformismo e aceitação.

    Pensamentos e sentimentos são flexíveis e maleáveis, tornando todo o organismo ainda mais elástico, forte e sábio.

    Personalidade inspiradora: o cientista Stephen Hawking, que fez grandes contribuições à física moderna mesmo enfrentando uma doença degenerativa.

12. *Paciência*: manter o autocontrole e a calma diante de uma tarefa ou de um acontecimento que exige um tempo maior de espera do que o imaginado.

    Cultivo da sapiência para o bem-estar.

    Personalidade inspiradora: o chefe de Estado e líder espiritual do Tibete Dalai Lama.

13. *Perdão*: desculpar aqueles que, segundo julgamos, em determinada situação, agiram de maneira incorreta conosco quando acreditávamos estar certos. Perdoar pode ser difícil, trabalhoso, mas é libertador e se deve à sabedoria de viver mais leve.

Um presente ao seu coração e à sua alma depois de um grande esforço.

Personalidades inspiradoras: a atriz Giovanna Ewbank, que perdoou o marido após uma traição por apostar na parceria que tinham; e o jornalista Joshua Prager, que perdoou o motorista responsável pelo acidente que o deixou hemiplégico.

14. *Fé*: convicção de que algo positivo irá acontecer, mesmo que tudo e todos indiquem o contrário, ou mesmo que não haja qualquer indício que recomende acreditar nisso.

    Confiança total no outro, numa ação ou, simplesmente, na vida que flui.

    Personalidade inspiradora: a atriz e apresentadora Cissa Guimarães.

Superando minhas frustrações por meio da Plasticidade Emocional

Após o AVC, fiquei extremamente frustrada por não conseguir fazer quase nada do que era capaz antes — trabalhar, praticar esportes, me comunicar. Eram muitas as perdas. Sendo bem sincera, eu não sabia nem como seriam minhas próximas horas e não via uma luz no fim do túnel. Sentia-me impotente e sem esperança.

Foi quando o acaso colocou tudo sob uma nova perspectiva.

Minha mãe, que sempre buscava novas atividades para me ocupar, me levou ao Recanto Santa Mônica, uma casa para crianças cujos pais não tinham com quem deixá-las no contraturno da escola. Um lugar, na época, com paredes cinza, chão cheio de rachaduras, "sem vida". Tudo aquilo me emocionou. Era o que eu precisava para relativizar minha situação e me sentir útil de novo: assumir o protagonismo de algo que fazia sentido para mim.

Decidi dividir meu tempo (que eu tinha de sobra, já que havia interrompido completamente a atividade profissional), compartilhar meu carinho, minha emoção e minha capacidade criativa, transformando a realidade daquelas paredes de concreto sem cor e sem natureza. O chão e as paredes passaram a ter cores, desenhos e brincadeiras como amarelinha e caracol. Junto com as crianças, pintei tudo e fiz os canteiros vazios abrigarem mudas de flores e ervas.

Tirar o foco dos meus problemas, buscar contribuir para a vida do outro e fazer algo de relevante com o que eu tinha e podia naquele momento me fizeram treinar algumas competências emocionais, tais como generosidade, gentileza, empatia e resiliência. Essas competências, por sua vez, me ajudaram a redimensionar e lapidar minhas próprias frustrações.

Mandala da Plasticidade Emocional

Como usar sua Plasticidade Emocional? Vamos começar identificando como estão suas competências emocionais.

Convido você a se apropriar da ideia de como se vê diante de cada uma das competências citadas. Para tanto, sugiro que preencha a Mandala da Plasticidade Emocional. Será muito útil você repeti-la após finalizar a leitura do livro, assim poderá avaliar seus ganhos, aprendizados e reflexões.

A seguir apresento a mandala a você e proponho um exercício. Cada "pétala" corresponde a uma competência emocional. Em cada uma delas há dez risquinhos, que representam o nível (0 a 10) em que você se encaixa no treino e no exercício de consciência de cada competência.

Note que o critério será seu, então se baseie na sua sensação, na maneira como se percebe em cada uma das competências abordadas. Convide alguém de sua confiança para colaborar no seu entendimento. Exemplo: "Não vejo facilidade alguma em perdoar, e meu amigo confirmou minha percepção". Sendo assim, você preencherá a "pétala" até o tracinho 1 ou 2, que correspondem aos níveis mais baixos. Já se sentir que é muito treinado, consciente e tem facilidade em perdoar, pode marcar o 9 ou o 10.

Lembrando que não existe certo ou errado. Esse exercício serve apenas para identificar qual competência você precisa treinar mais, visando ao seu bem-estar.

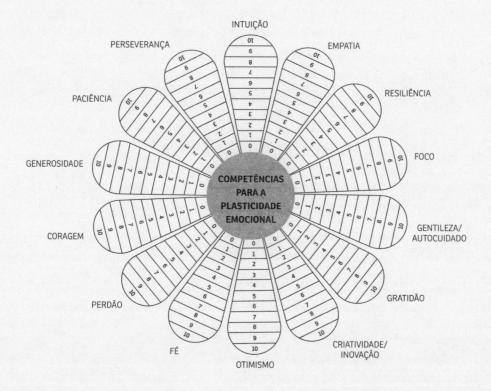

Competências da Plasticidade Emocional para superação ou "prevenção" das frustrações

Com base na neurociência, organizei o conceito de Plasticidade Emocional dividido em quatro grupos, ou, ainda, em clusters, para facilitar a apropriação de seus conceitos e práticas. São eles:

- **Competências inovadoras:** mais voltadas para o mundo exterior, para a novidade e a reciclagem de processos mentais e concretos: criatividade, intuição e otimismo.
- **Competências conectivas:** têm uma natureza vinculadora, de abertura e inter-relação: empatia, generosidade, gratidão e gentileza.
- **Competências executivas:** nos mobilizam para uma ação ou, ainda, para que possamos executar atividades: perseverança, foco, coragem, resiliência.
- **Competências pacificadoras:** aquelas que se voltam mais para nosso interior, para maior escuta, observação e processos integrativos: paciência, perdão, fé.

Agora vamos dar uma olhada em cada um desses grupos!

Competências inovadoras

3

Criatividade

Uma pilha de pedras deixa de ser uma pilha de pedras no momento em que um único homem a contempla tendo dentro de si a imagem de uma catedral.

ANTOINE DE SAINT-EXUPÉRY

Criar problemas e soluções é próprio do ser humano, assim como se frustrar por querer algo e não conseguir. Esperar por algo que não aconteceu nem vai acontecer e, a partir dessa experiência, usar a criatividade para resolver situações e buscar contentamento é o que faz a diferença para evitar a frustração.

Criatividade é uma palavra feminina. Talvez porque gerar, dar à luz, seja da ordem da mulher. Mas, no meu entendimento, esse vocábulo deve pertencer a todos os gêneros! São vários os olhares criativos, assim como serão várias as definições para um único vocábulo.

Etimologicamente, a palavra "criatividade" vem do latim *creatus*, que significa "criação", e do verbo infinitivo *creare*, "criar".[1] É também definida como "a qualidade ou característica de quem é criativo" e inventor. "Inteligência e talento, natos ou adquiridos, para criar, inventar, inovar."[2] Mas também pode remeter à engenhosidade, inventividade; capacidade de criar e compreender um número ilimitado de sentenças da língua de seu país ou povo.[3]

A criatividade sempre foi vista como musa inspiradora. Afinal, Clio é a deusa grega da história e da criatividade, das artes e da inspiração, e é resultado da união entre Zeus, rei dos deuses, e

Mnemósine, a deusa da memória. E memória tem tudo a ver com essa competência, como você verá mais adiante.

Quem não deseja ser capaz de pensar em novas soluções para antigos problemas ou, ainda, inovar em soluções para os desafios? Neste mundo moderno, tão competitivo e veloz, ser criativo é como ter um olho e ser rei em terra de cegos.

Hoje, a pressão para que sejamos criativos é mais uma demanda que pode gerar frustrações, mas a própria criatividade tem força para minimizá-las ao nos levar a construir dentro de nós aquela catedral idealizada por Saint-Exupéry.

O cérebro e seu ilimitado poder

A criatividade não é um processo que emerge do nada. É um fenômeno que surge em nosso cérebro quando temos interesse em algo, mesmo que de forma inconsciente; portanto, ocorre quando há motivação.

O mecanismo cerebral da criatividade envolve componentes cognitivos e emocionais, ou seja, engloba razão e emoção. No entanto, de maneira genérica, a criatividade tem muito a ver com as experiências individuais e é uma forma de resolver problemas.[4] Então, a priori, a criatividade também tem muito a ver com a tomada de decisões. (Como falaremos no capítulo 4, sobre intuição.)

Mas como se processa a criatividade? A capacidade de encontrar caminhos inovadores entre ideias e conceitos, e novos conceitos a partir das mesmas ideias, depende do esforço conjunto de várias regiões dos dois lados do cérebro.

Nesse sentido, também há participação da memória de trabalho (o tipo de memória muito rápida que usamos, por exemplo, para compreender um texto) e da representação mental de objetos e ações, de significados emocionais complexos que damos às situações, do prazer e da satisfação e, sobretudo, da flexibilidade cognitiva (a capacidade de mudar o conjunto de regras em uso).

O ponto crucial do processo criativo, porém, é fazer analogias, ou seja, acessar o repertório mental que já possuímos e dar novos significados ao conhecido. E isso não ocorre apenas de forma racional ou concreta. "A memória humana se distingue da de outros animais por poder acessar experiências, seja na forma de imagem sonora ou visual. Recuperar e manipular tais imagens, editá-las com a imaginação, é a base fundamental da criação", diz António Damásio.[5]

Gosto dessa ideia, que coincide com a minha perspectiva de que criatividade é editar memórias! Sim, assim como um editor de texto, que recorta, cola, insere, refaz, quando precisa ser criativo, o cérebro usa a si mesmo de outra maneira, utiliza as informações que ficaram armazenadas e descobre caminhos diferentes ou alternativos para resolver o problema da vez. Isso é o que muitos chamam de "pensar fora da caixa"!

Criatividade: da imaginação à interação

Veja como é maravilhoso pensar que o ser humano é dotado dessa capacidade ímpar, sem limites: a imaginação! Não é possível criar, seja do ponto de vista social, artístico e até mesmo da reabilitação, sem a mescla da memória com a imaginação. Para imaginar, é necessário criar. E para criar e imaginar é preciso permitir-se perceber, sentir e observar.

Agora você pode me perguntar: "Considerando que a criatividade usa os dois lados do cérebro, se houvesse uma fórmula para ser criativo, seria trabalhar ambos os hemisférios de modo equilibrado?".

Em teoria, faz todo o sentido. Porém, apesar de a ciência não ter uma resposta (ainda), vai depender de cada cérebro. Sabemos que o cérebro cria caminhos únicos e desenha circuitos neurais particulares a cada indivíduo. Imagine que o cérebro se modifica e se reconstrói o tempo todo e que a capacidade de criar refaz seus circuitos. Imagine agora um caleidoscópio, que, a cada giro, vai tendo seu desenho modificado. Assim é seu cérebro.

Mas, para quem procura melhorar a criatividade, esse fenômeno envolve múltiplas redes cerebrais, espalhadas por todo o cérebro, ativadas em sincronia, e que, por sua vez, estão em constante interação, regulando-se mutuamente. Logo, não há *uma única* área de criatividade no cérebro: a criatividade é resultado da integração de várias partes desse órgão.

Recentemente foi realizado um estudo em que os voluntários recebiam uma tarefa que, para ser cumprida, requeria o uso da criatividade. Os cientistas então monitoraram o cérebro dos voluntários por meio de ressonância magnética. Com esse experimento, eles acreditam ter encontrado as conexões funcionais no nosso cérebro que são mais ativadas quando somos criativos. Elas estão espalhadas pelos córtices frontal e parietal (regiões que, de modo geral, são ligadas aos movimentos, às tomadas de decisão e à flexibilidade).[6]

Menciono aqui esse estudo porque a proposta dele é bem audaciosa. Os autores sugerem que, com base em um exame cerebral, é possível saber, entre duas pessoas diferentes, quem é a mais criativa! Isso pode ter várias implicações futuras. Imagine se, em uma entrevista de emprego, os recrutadores tiverem acesso a esse tipo de ferramenta como método de seleção. Parece ficção científica, não é? Entretanto, estamos muito próximos dessa realidade. Se isso é bom ou ruim? Não sei. Caso se torne realidade, porém, a criatividade será ainda mais crucial. Então, uma boa solução é, no mínimo, o treino dessa competência, concorda?

Como treinei minha criatividade depois do AVC

Quando já era formada em Pedagogia e Psicopedagogia, eu usava muito as áreas do meu cérebro relacionadas à racionalidade e à estrutura lógica e verbal. Brinco que usava tanto a racionalidade em detrimento das emoções que meu organismo "gritou" em forma de derrame. Mas veja que curioso: minha reabilitação se deu por meio de atividades interativas, integrativas e criativas, que reativaram várias outras regiões do meu cérebro.

Ressignifiquei intuitivamente a emoção do derrame cerebral pintando explosões e transformando cacos de vidro — de um copo que quebrei por não conseguir controlar o braço — em pétalas de flor, coladas em um quadro. Até mesmo os desenhos que a água do mar faz na areia, misturados aos desenhos das nervuras das folhas de plantas e de certos corais, viraram arte na minha pintura. Reinventei meu andar, rebolando, já que os passos tradicionais, tão fáceis para a maioria das pessoas, eram simplesmente impossíveis; me desprendi momentaneamente da norma culta, inventando palavras, pois não me lembrava de muitas. Eu me divertia, e ainda me divirto, com minhas invenções na época, como o "mudador de canal" (controle remoto) e o "fazedor de música" (aparelho de som).

Como mencionei antes, percepção, sensibilidade e observação fazem parte de todo processo criativo, que nada mais é que a capacidade de recombinar informações concretas e abstratas, objetivas e subjetivas já existentes para resolver problemas reais ou imaginários de maneiras inovadoras.

Da mesma forma que as demais competências descritas neste livro, a criatividade também divide seus processos com outras — no caso, com a intuição. Assim, considero a criatividade uma competência emocional. Para criar, é preciso se emocionar. Você pode criar com tristeza, com alegria ou até com medo. Cada um de nós tem seus circuitos impulsionados pelas emoções. E são as emoções, a meu ver, que criam conexões criativas entre o cérebro e o corpo.

Pense loucuras e viva o ócio

Segundo o estudioso da educação Frank Goble, para sermos criativos, devemos ser capazes de pensar em loucuras:

> A pessoa verdadeiramente criativa é aquela que consegue pensar loucuras; essa pessoa sabe muito bem que muitas de suas grandes ideias irão revelar-se inúteis. A pessoa criativa é flexível; ela é capaz de mudar à medida que a situação muda, para quebrar hábitos, para enfrentar a indecisão e as mudanças nas condições sem estresse. Ela não é ameaçada pelo inesperado da mesma maneira que pessoas rígidas e inflexíveis são.[7]

Goble nos faz pensar que a criatividade está associada à habilidade flexível e também à intuição, à coragem, ao otimismo, à resiliência e, por que não?, à paciência. Para ele, toda essa mistura pode ser sua "loucura". E o estudioso nos lembra, sabiamente, que ser criativo implica necessariamente errar. O erro é quase uma condição intrínseca à criatividade.

Para sermos criativos também temos que estar preparados para críticas. Não dá para "fazer loucuras" e esperar que todos concordem. Logo, exercitar a criatividade nos traz, por um lado, mais alternativas para não nos frustrarmos diante de um objetivo, mas, por outro lado, pode gerar frustração, pois suas criações ou seu modo de criar podem não agradar a todos.

E se eu disser que o ócio é o precursor da criatividade? Sim, quando nossa mente se ocupa com o nada, está vazia, é que encontra mais espaço para criar.[8] Um vaso vazio nos inspira a preenchê-lo, certo? Se já estivesse cheio não teríamos essa necessidade, esse espaço mental para o novo.

Ser criativo é muito mais do que "pensar fora da caixa". É criar caixas diferentes ou, ainda, criar com outras coisas que não sejam caixas. É pensar de modo novo, ilimitado, e disso todos somos capazes.

Criando um novo universo de buscas

Quanto mais criativos somos, mais soluções encontramos e menos frustrados ficamos, certo? E quando uma de suas inúmeras ideias dá muito, muito certo? Um exemplo irrefutável é o Google. Como você já deve ter percebido, adoro citar biografias como bons exemplos de vida, por isso trago aqui um pouco da história por trás da maior empresa de internet do mundo.

Tudo começou em 1995, quando Larry Page, aos 22 anos, entrou na Universidade Stanford, na Califórnia, e foi apresentado a Sergey Brin, que, aos 21, já era um veterano.

Logo após se conhecerem, os dois esboçaram a ideia de um "motor" de pesquisa que mostrasse os resultados pela relevância dos sites em vez de em função do número de acessos que cada site tinha individualmente, como era usual. Da teoria à prática, não demoraram muito a concretizar a ideia, que, desde o início, funcionou. O que faltava era apoio financeiro para prosseguirem com o projeto. Este veio em agosto de 1998, quando um dos fundadores da Sun Microsystems, percebendo o enorme potencial do recém-nascido Google, fez um aporte de 100 mil dólares para a empresa. Sorte?

Para quem olha de fora, pode parecer mesmo sorte, mas Page e Brin tropeçaram bastante antes de criar uma empresa de sucesso. Logo no início, Larry e Sergey tentaram vender a ideia por 1 milhão de dólares, mas não encontraram interessados. Podemos aprender com esse e diversos outros exemplos de que uma boa ideia nem sempre vinga de primeira. Além de depender de criatividade, depende também de perseverança e resiliência de quem a idealizou.

Haja coragem e intuição, principalmente porque nem mesmo os pais de Sergey receberam bem sua decisão quando ele optou por investir energia nesse projeto; eles se mostraram céticos e "definitivamente chateados", como chegou a revelar sua mãe. A criação do

Google nos deixa aqui, então, sua primeira lição: ser criativo não implica agradar; muitas vezes é o contrário!

Mas, afinal, o que explicaria suas mentes tão criativas? A história de cada um, as escolhas, ambientes e relações interferem muito na forma como lidamos com as decepções e soluções. No caso de Larry, teria sua educação formal, já que ele estudou em uma escola com preceitos montessorianos (um estilo de educação conhecido por promover a atenção a sentidos e sentimentos, emoções e pensamento autônomo), ajudado no desenvolvimento da criatividade?[9] Ele reconheceu esse "treinamento de não seguir regras, de ser automotivado e de questionar o que está acontecendo no mundo" como um dos fatores que influenciaram suas atitudes e seus trabalhos posteriores.

Para Sergey, que é russo, o primeiro ano nos Estados Unidos foi difícil; seu conhecimento de inglês era rudimentar, e ele falava com um sotaque pesado. Segundo seus professores, ele não era uma criança especialmente sociável, mas tinha autoconfiança para ir atrás de suas ideias. Sua vida girava em torno de quebra-cabeças, mapas e joguinhos de matemática que ensinavam a multiplicar. Apesar de frequentar a escola pública, recebeu a maior parte de sua educação em casa, onde os pais incentivaram seu interesse pela matemática e pelo domínio da língua russa.

Não tenho dúvida de que a criatividade é treinável, passível de ser influenciada por bons exemplos. É um recurso humano muito importante. É essencial saber que você pode cultivar essa competência, na sua medida. Treinar ser criativo não significa que o produto final será sempre do seu agrado ou ainda que valerá milhões de dólares, como o Google. Mas certamente tornará o caminho interessante, mais leve e menos frustrante.[10]

Para o meu paciente Cristiano, por exemplo, a criatividade foi a chave da virada da carreira — e da vida. Ele foi literalmente das barbas de molho à barbearia. Formado em Economia, estava havia três anos desempregado, e os sentimentos de tristeza e raiva se transformaram em uma imensa frustração. Aos 42 anos, não sabia para onde ir.

Na terapia, recebeu um impulso para cultivar autocuidado, criatividade e coragem. Sempre gostou de ter o cabelo comprido e passou a curtir deixar a barba no estilo *bandholz*. Depois experimentou o bigode *handlebar*. Sua namorada é esteticista e maquiadora. Ficou fácil adivinhar o que aconteceu, certo? Ele foi um dos primeiros a abrir uma barbearia butique, dessas com bebidas diferenciadas, música e tratamento para barba, cabelo e pele. Começou pequeno, na edícula da casa de sua tia, e, três anos depois, já tinha duas outras unidades.

Às vezes a criatividade é questão de abrir mão de uma ideia fixa que tínhamos, esvaziar a mente e olhar para as novas possibilidades à nossa volta. Foi o que aconteceu com minha outra paciente, Gabi, uma jovem de Belém do Pará cuja família paterna é de origem francesa. Primeiro ela tinha a ideia fixa de se casar com o príncipe encantado, até sofrer uma imensa desilusão amorosa: viu o namorado beijando uma colega. Daí veio a segunda ideia fixa: viajar para a França, onde praticaria seu francês e faria um curso. Era um momento emblemático de sua vida — tinha acabado de se formar na faculdade, estava prestes a completar 22 anos. Tudo certo para viajar? Eis que é decretada a pandemia e sua cidade entra em lockdown.

"Como assim não vou poder viajar? Como assim tenho que ficar na minha casa?", disse a si mesma. Viajar também seria uma forma de esquecer o ex-namorado. E foi bem difícil sair dos grupos de WhatsApp e das redes sociais em que ele estava. Hiperconectada ao celular, já nem conseguia mais dormir.

Entre desespero, indignação, raiva e frustração, a Gabi precisou admitir o "buraco na sua autoestima" e a fragilidade de seus propósitos de vida. Se livrar da frustração angustiante se tornou o seu principal foco. Com a ajuda da mãe, de uma boa amiga, de um psiquiatra e de uma terapeuta, decidiu fazer algo por si que também ajudasse alguém. Uma ONG de empoderamento feminino por meio do artesanato estava surgindo na região, e doar seu tempo, interesse e muitas de suas roupas e maquiagens para ajudar pessoas em situação de vulnerabilidade foi essencial para ela colocar os primeiros tijolos da construção do senso de autovalor.

Para as novas gerações, a pandemia contribuiu muito com o agravamento do sofrimento e de transtornos mentais. Como o cérebro só termina de se formar na vida adulta, a fragilidade da mente jovem sofreu bastante com o confinamento e o aumento do uso da tecnologia digital.

A frustração, muitas vezes, nos cega para os tantos outros caminhos que se apresentam. Para não se frustrar, faça como a Gabi: reúse e abuse de sua criatividade!

Como não se frustrar com a escola pública? E, ainda, com as feridas na educação deixadas pela pandemia?

Espero que a inovação de qualidade também chegue às escolas brasileiras, que ainda carregam a aparência e o conteúdo de instituição antiga. O fato de termos passado a usar ainda mais o celular ou a tecnologia digital não significa que modernizamos a educação, certo? Infelizmente, sua estrutura e processos não acompanham a modernidade.

Claro que, com a pandemia, as escolas tiveram que se adaptar ao ensino online, seja no modo híbrido ou no totalmente digital, mas sabemos que muitas escolas, principalmente as públicas, deixaram de cumprir seu papel. Parte pelo fato de alguns professores terem adoecido, parte pelo fato de as escolas não terem acesso à internet, parte pelo fato de os professores resistirem ou não saberem usar a tecnologia digital, entre outros problemas.

Ao levar inovação de qualidade ao ensino, o estudioso e teórico de economia comportamental Daniel Kahneman é um importante exemplo de como uma escola pode cumprir seu propósito. Em seu livro *Rápido e devagar: duas formas de pensar*, o autor (que já ganhou o Nobel de Economia) apresenta os dois tipos de pensamento humano, ou, ainda, dois sistemas: um que é rápido e consistentemente emocional e outro lento e racionalmente lógico. Isso comprova a importância de educar jovens para serem mais do que inovadores — para serem pensadores disciplinados e lógicos, que primam pelas tomadas de decisão assertivas.

Outra inovação na educação que mostrou resultados incríveis é a Khan Academy, fundada por Sal Khan, que tem três diplomas do MIT (Instituto de Tecnologia de Massachusetts) e um MBA na Universidade Harvard. A organização, que tem versão em português, oferece recursos e estratégias gratuitos para o ensino de matemática, ciência e programação para todas as idades.[11]

Você pode me questionar: "Fácil falar de qualidade escolar se referindo a realidades de países de primeiro mundo; difícil é transpor para a realidade nacional e, mais, para a realidade de cada escola, que é única…".

Eu também duvidava da possibilidade de inovação nas escolas brasileiras até ter vivido e testemunhado muitas iniciativas incríveis. Desde o início de 2016, quando aumentou meu número de palestras sobre neurociência e aprendizagem socioemocional (para minha satisfação e total gratidão aos milhares de educadores participantes), conheci muitas experiências para compartilhar, as quais, no meu entender, deveriam ganhar Prêmios Nobel de Superação. Durante a pandemia, também pudemos testemunhar esforços grandiosos por parte dos atores escolares para se reinventar e não deixar cair a peteca do ensino-aprendizagem.

Em uma escola na Bahia, em meio a uma paisagem árida, quase sem verde, encontrei uma escola surpreendentemente verdejante. Lá, o professor de teatro usa conteúdos da neurociência para falar de humanidade; alunos mais velhos se tornam tutores dos mais novos, dando aulas; a robótica funciona como instrumento de ensino-aprendizagem ao mesmo tempo que os alunos praticam mindfulness (atenção plena), inclusive fazendo conexão entre neurociência e aprendizagem socioemocional.

Inovação é mais do que fazer coisas novas, é descobrir maneiras eficientes de alcançar objetivos e resultados relevantes e que fazem sentido. A meu ver, uma das ações inovadoras mais importantes está em colocar o aluno como centro da aprendizagem, promovendo recursos para que ele aprenda o máximo e da melhor maneira possível, em prol do seu crescimento e do crescimento coletivo.

Não quero dizer que é fácil ser professor ou gestor escolar, mas que podemos encontrar propósito e inspiração em exemplos bem-sucedidos e procurar caminhos próprios. Há, sim, luz no fim do túnel da educação escolar, principalmente se todos (escola, comunidade e família) treinarmos empatia, fé, perseverança, resiliência e, como sugiro aqui, criatividade. Inovar é quando eu, você, o outro e todos ganhamos!

4

Intuição

Eu acredito em intuição e inspiração.

ALBERT EINSTEIN

"Xiii... Você vai falar sobre intuição? Nunca fui muito intuitivo. Não é a minha praia, não." "Aliás, pra que serve a intuição?" "Como posso desenvolver a minha, se não aprendi na escola nem em lugar nenhum?" "Ah, como assim usar a intuição para evitar uma frustração?"

Espero que, após a leitura deste capítulo, você tenha algumas das respostas para essas perguntas e ainda uma visão diferente sobre a intuição, uma competência que não deve ser negligenciada, principalmente nos dias de hoje.

"Intuição" vem do latim *intueri*, que significa considerar, ver anteriormente.[1] Para você ter uma ideia de como era apreciada desde a Antiguidade, até mesmo filósofos como Platão utilizavam a intuição como ponto de partida para seus insights. Depois, em uma etapa posterior, acabavam por submeter à luz da racionalidade as ideias que surgiam intuitivamente.

Por muito tempo, a intuição foi confundida com o instinto. Para recordar o que aprendemos na escola, e também para não confundir os dois conceitos, instinto é aquele impulso que faz um animal executar uma ação necessária à sobrevivência; é uma sequência de ações inatas que, segundo Charles Darwin, o grande naturalista inglês, garante a perpetuação da espécie.[2] Já a intuição é uma competência e tem também lugar no cérebro.

A intuição é uma competência cerebral?

Sob o enfoque da epistemologia genética do psicólogo suíço Jean Piaget, e ainda da neurociência, áreas do meu interesse profissional, temos outros ganhos quando entendemos o significado de intuição.

Ela pode ser entendida como a faculdade de processar e compreender as coisas no momento presente, sem necessidade de justificá-las ou racionalizá-las por meio de uma lógica mais complexa, além de recorrer a outros processos subjacentes à consciência.[3]

Piaget estudou em profundidade como e em que momento o conhecimento é construído, apontando quatro períodos bem característicos. Um deles acontece por volta dos 4 ou 5 anos de idade, quando o pensamento da criança é marcado pela intuição, pela percepção imediata da realidade, e não pela lógica, que, por incrível que pareça, muitas vezes leva a soluções incorretas de problemas. Por isso talvez a intuição tenha algo de "infantil", de lúdico.[4]

A intuição também pode ser definida como "a capacidade de agir ou decidir de forma apropriada sem fazer uso do processo deliberado e consciente de alternativas equilibradas".[5] Fato é que esse termo é a bola da vez. Muitos são os estudos sobre o conceito *in action*, ou seja, na ação do contexto.[6] Isso porque ter intuição é compreender, em um tempo imediato, que algo está certo ou errado com uma pessoa, lugar, situação, objeto ou episódio.

A neurociência procura conhecimentos científicos acerca do sistema nervoso e sua relação com a vida, como já sabemos. Tanto ela quanto o conhecimento de Piaget contribuíram para meu entendimento sobre essa competência.

Muitas descobertas ainda serão realizadas, mas, para quem não se interessa tanto pelos porquês nem pelos "para quês" e só quer saber o básico, a intuição está relacionada também às áreas cerebrais que controlam as emoções e os processos de tomada de decisão.[7]

Aja rápido e faça o que sente ser o certo — desde que tenha estudado todas as possibilidades, já que o importante é tomar a melhor decisão possível, não é?

A intuição como ferramenta para a tomada de decisões

A intuição pode ser um poderoso instrumento, seja você da área de exatas, humanas ou biológicas. A história prova e comprova que importantes cientistas fizeram grandes descobertas em seus momentos "eureca",[8] ou seja, de iluminações e intuições inesperadas, assim como determinados esportistas souberam intuir o melhor momento para agir (seja acelerando, driblando ou sacando). Você duvida de que jogadores como Messi e Neymar usem a intuição a seu favor em suas jogadas geniais?

Meu sobrinho não duvida: "Que feeling o Neymar teve nessa jogada!".

Esse tal feeling, tão valorizado nas corporações, nada mais é do que a intuição canalizada para a tomada de boas decisões. Ou seja, se lhe parece certo, faça!

Mas não pense que o feeling é algo que surge sem nenhum antecedente, sem nenhum embasamento — como uma inspiração divina ou algo do tipo "baixou o santo em mim". O profissional que em momentos de pressão se pauta pela intuição tem como norteadores conhecimento e experiência prévios. Impulsividade não faz parte das pessoas que usam essa competência, muito menos as decisões baseadas em achismos; é a assertividade que precisamos levar em conta!

No ambiente empresarial, soluções baseadas na intuição contribuem de maneira positiva em situações em que há necessidade de acelerar um processo de decisão. Se perguntarmos a um empresário experiente, ele provavelmente dirá que nada substitui um plano de negócios e um bom planejamento, mas que ser competente para agir intuitivamente em períodos de crise é imprescindível. Médicos e até mesmo pilotos de avião, como você verá mais adiante neste capítulo, utilizam-se da intuição, pode apostar!

E é claro que, como toda competência, a intuição precisa ser treinada. Ainda mais se você quiser minimizar suas frustrações.

Intuição tem a ver com gênero?

Segundo o psicanalista suíço Carl Gustav Jung, a intuição envolve a comunicação dos dois hemisférios cerebrais: o esquerdo (mais racional, lógico) e o direito (que responde mais pela linguagem simbólica, imagens e emoções).[9] Assim, as pessoas intuitivas seriam aquelas que utilizam as duas porções de seu cérebro com maior equilíbrio.

Entretanto, a partir da generalização de que homens usam mais o hemisfério esquerdo, enquanto as mulheres teriam o hemisfério direito mais ativado, erroneamente ouvimos falar bastante que intuição é "coisa de mulher". E as pessoas acabaram acreditando nessa ideia.

Claro que existem diferenças biológicas entre os gêneros. O masculino, a priori, produz mais testosterona, hormônio também responsável pela voz grossa, pelos no rosto, músculos proeminentes e maior força física. Por sua vez, o feminino produz hormônios como estrógeno e progesterona, responsáveis por características como voz mais aguda, crescimento dos seios, menstruação, entre outras. Diferenças existem, mas não a ponto de um gênero ser preponderante como o único gerador de comportamentos e competências. Mesmo porque, como dito anteriormente, cada ser humano é único e, assim, detém uma "mistura" de caracteres, personalidade, gostos, facilidades e dificuldades que são igualmente únicos e peculiares, como impressões digitais.

Em um congresso de que participei há mais de dez anos, cheguei a ouvir um palestrante dizer que indivíduos com habilidades para a informática, por serem mais voltados à lógica, racionalidade e agilidade, não seriam capazes de desenvolver a intuição, mas essa informação não é comprovada cientificamente.

O fato de o cérebro feminino apresentar uma estrutura de ligação mais espessa entre os dois hemisférios,[10] por onde passam informações de ambos os lados, não significa que os homens não possam — principalmente quando pensamos no conceito de Plasticidade Cerebral — desenvolver tal capacidade, de modo peculiar, individual e único, se forem curiosos, interessados, estimulados e treinados.

Aliás, temos exemplos de personalidades do sexo masculino que deram enormes contribuições à ciência com sua grande capacidade intuitiva. Albert Einstein, por exemplo, pode ser admirado tanto como o cientista que criou a teoria da relatividade quanto como o pacifista e filósofo atemporal que produziu alguns aforismos que continuam ecoando até os dias atuais, como:

> Eu acredito na intuição e na inspiração. A imaginação é mais importante que o conhecimento. O conhecimento é limitado, enquanto a imaginação abraça o mundo inteiro, estimulando o progresso, dando à luz a evolução. Ela é, rigorosamente falando, um fator real na pesquisa científica.[11]

Einstein foi um modelo de como combinar com sabedoria e equilíbrio ambos os hemisférios cerebrais. Prova disso é que sua vida sempre esteve ligada às artes: ele tocava violino e piano.

Para fazer um contraponto a Einstein, vou mencionar outro exemplo admirável no campo das ciências: Marie Curie, a primeira mulher a receber um Prêmio Nobel e a primeira cientista a obter fama mundial ao ligar fatos que, à primeira vista, não tinham conexão lógica. Ela repetia muitas vezes aos seus alunos que a intuição e a imaginação são virtudes cardeais do cientista.[12] Com suas importantes contribuições, Curie é a prova definitiva de como a intuição pode desencadear grandes resultados no campo das ciências.

Embora a intuição pareça natural ao gênero feminino, as mulheres também precisam treinar tal competência para desfrutar melhor de sua capacidade intuitiva. A dra. Judith Orloff, professora de Psiquiatria na Universidade da Califórnia em Los Angeles, nos Estados Unidos, diz que a intuição é um superpoder para as mulheres usarem em suas decisões no trabalho, assim como para guiá-las a se tornar melhores líderes e organizadoras.[13]

Fato é que, em geral, homens são melhores em habilidades espaciais e motoras, e mulheres têm maior retenção de memórias e habilidades sociais. Assim, a maioria dos homens tem maior facilidade para fazer uma navegação em que precisam contar com suas habilidades de orientação espacial, enquanto a maioria das mulheres se dá melhor com memórias semânticas. Pesquisas sugerem que os cérebros masculinos são estruturados para facilitar a conectividade entre percepção e coordenação motora, ao passo que os cérebros femininos são desenhados para facilitar a comunicação entre processos analíticos e intuitivos.[14]

Ressalto, contudo, que com treino podemos alcançar qualquer coisa. Atualmente também está sendo bastante estudada a relação entre intuição, inovação e criatividade. Logo, se quiser desenvolver a competência intuitiva, seja você homem ou mulher, treine; seu gênero será a menor das questões.

Foi o que fez o meu paciente Valter. Ele era a frustração em pessoa por não conseguir se decidir entre o que queria e o que deveria fazer. Desde novo, foi incentivado pela família a desenvolver habilidades musicais: piano e bateria, instrumentos que aprendeu a tocar sem muita instrução, seguindo a própria intuição. Mas estudou em uma escola conservadora, que não valorizava seu evidente talento musical. Depois de se formar em administração de empresas para "satisfazer a família e a sociedade", passou por dois empregos em bancos de investimentos.

Ele estava visivelmente infeliz; sentia dores no estômago e no peito e vivia indo ao médico. Chegou a passar com o oncologista, achando que poderia estar desenvolvendo um câncer. O medo, a sensação de frustração e muitos questionamentos foram os catalisadores para Valter procurar orientação neuropsicológica. Ele sentiu que precisava de um momento para si mesmo, para poder se escutar melhor.

Começou a fazer natação e sessões de Reiki — a prática de impostação de mãos em que a energia que flui do emissor tem efeitos curativos. Ao "unir o racional ao inconsciente", ele conseguiu despertar o que estava adormecido.

Não chegou a guardar o diploma na gaveta, mas finalmente se permitiu tocar a vida com seu talento. Primeiro precisou vencer o estigma de que intuição é coisa de mulher e de que ele deveria se pautar apenas pela racionalidade concreta para tomar decisões. Hoje, Valter é músico nos fins de semana e em algumas quintas-feiras, além de consultor financeiro — mas agora sem patrão. "Estou feliz e realizado. Acho que treinei mais minha intuição, me conectei mais com quem eu era. Pirei."

Sua banda conta com instrumentos feitos de materiais reciclados para a percussão, tais como baldes, latas de óleo, grelha de churrasqueira — tudo recolhido do lixo —, o que ajuda a trabalhar também a criatividade.

Infeliz no trabalho, frustrado na ocupação? Será que você já teve vontade de dar uma "piradinha" igual à do Valter? Veja que perceber a infelicidade é importante, mas mais importante é pensar, usar seu repertório de conhecimentos e agir. Sua frustração pode tornar-se um trampolim para realizações.

Um avião de intuição

O famoso US Airways 1549 foi um voo comercial rotineiro que iria de Nova York para a Carolina do Norte e que, em janeiro de 2009, pousou nas águas do rio Hudson seis minutos após decolar.[15]

A aeronave colidiu no ar com um bando de pássaros, que foram engolidos pelas turbinas. Em baixa altitude e com ambos os motores parados, o comandante Chesley Sullenberger (Sully) tomou a decisão de fazer um pouso forçado no rio Hudson, que no inverno tem temperaturas congelantes.

Os computadores e as simulações mostraram que, em um primeiro momento, o comandante poderia ter tomado outra decisão. Contudo, como relatou o filme baseado no episódio, que tem Tom Hanks como protagonista, as simulações não contavam com o "fator humano". Numa situação de emergência, a baixíssima altitude, não haveria tempo para estudar a melhor rota. Eram mais de 150 vidas em jogo. Nesse momento, o cérebro bem treinado do comandante reuniu horas de voo e toda a sua experiência acumulada, avaliou no horizonte visual as (não tão visíveis) opções e tomou a decisão urgente de pousar no rio gelado. Em duzentos segundos tudo havia terminado, e sua intuição se mostrou certa.[16]

A tripulação foi imediatamente elevada à merecida condição de heróis nacionais e entrou para a história da aviação. Com isso, percebemos que a intuição do piloto foi essencial para evitar a tristeza e talvez sua própria frustração e a de milhares de famílias, caso tivesse tomado outra decisão que levasse à queda do avião e à morte dos passageiros.

5

Otimismo

otimismo

Pedras no caminho? Eu guardo todas.
Um dia vou construir um castelo.

NEMO NOX

Com certeza você conhece os dois tipos de pessoas que vou exemplificar: aquelas que só querem ver o mundo cor-de-rosa, onde tudo à sua volta pode estar ruindo que simplesmente vão olhar para o outro lado, como se nada estivesse acontecendo; e aquelas que, mesmo percebendo que o mundo não é cor-de-rosa, procuram deixá-lo mais colorido.

Você pode até achar que as primeiras não se frustram, mas não é bem assim. Fugir das situações, não as enfrentar e fingir para si mesmo não são exatamente sinônimos de conquista. (Estou, claro, generalizando um pouco para facilitar a compreensão.)

Por outro lado, quando enfrentamos uma situação que consideramos crítica — como a derrota num jogo esportivo, a perda de uma promoção tão esperada, a doença de uma pessoa querida —, pode ser difícil manter o otimismo. Bem, não precisamos sair dando pulos de alegria, mas viver a realidade e aprender a enxergar a situação sob uma nova perspectiva e sob o seu aspecto mais positivo pode ser o melhor remédio ou uma ótima opção.

Otimismo deriva da palavra latina *optimum*, que significa "o melhor".[1] É a capacidade do ser humano de encarar as coisas pelo lado positivo e de lutar por um desfecho favorável, mesmo em situações muito complexas.[2] Trata-se da escolha deliberada de olhar para o outro lado da moeda por meio de automotivação e treino.

Como nenhum indivíduo é igual a outro, há aqueles que se mantêm paralisados, enrijecidos e negativos diante das adversidades e situações frustrantes. E há os que enfrentam com otimismo, conseguem extrair forças internas para superar aquele momento difícil, acreditando que as coisas melhorarão. Escolhem outros caminhos, atalhos para seguir em frente.

Neurociência do otimismo

Nossa sobrevivência e bem-estar exigem um equilíbrio entre o otimismo e o pessimismo. Isso mesmo! O pessimismo indevido torna a nossa vida muito dura; no entanto, o otimismo excessivo — ou melhor, o viés do otimismo, que é ver somente o lado "ótimo" das situações — pode levar a comportamentos perigosamente arriscados.[3]

Uma revisão da literatura sobre a neurofisiologia que sustenta essas duas visões de mundo sugere que o otimismo e o pessimismo estão associados de formas diferentes aos dois hemisférios cerebrais.

Uma autoestima elevada, uma atitude alegre que tende a olhar para os aspectos positivos de uma situação, bem como uma crença otimista em um futuro brilhante, estão, a priori, associadas à atividade fisiológica no hemisfério esquerdo, mais precisamente na área frontal esquerda do cérebro.[4,5]

Em contraste, um ponto de vista mais sombrio, uma inclinação para se concentrar na parte negativa das situações e exagerar seu significado, baixa autoestima, bem como uma visão pessimista sobre o que o futuro reserva, estão ligados aos processos neurofisiológicos no hemisfério direito.[6] Em um cérebro em condições normais, a parte frontal esquerda tem uma atividade funcional maior do que a parte frontal direita, e se, por alguma lesão ou patologia, essa assimetria se inverter, ou seja, se o lado direito passar a ter uma atividade maior que o lado frontal esquerdo, pode ocorrer depressão, ansiedade e outros sintomas.[7] Isso evidencia os caminhos "plásticos" cerebrais, tanto para a patologia quanto para a normalidade.

Se você achou a explicação científica muito complexa, não desanime. O que posso falar em "simplifiquês" é que meus pacientes e os casos que estudei corroboram as informações contidas nas pesquisas. Inclusive eu, que tive lesão no hemisfério esquerdo, fiquei pavorosamente deprimida e frustrada; contudo, passei a treinar bastante o otimismo, como narro em *A cura do cérebro*.[8]

Mais frustrações, menos força, mais estresse

Que uma pessoa otimista é menos estressada do que uma pessimista parece meio óbvio, não? Mas não é bem assim, pois o estresse não tem a ver com sua maneira de ver a vida. O que ocorre é que, ao encarar a vida com mais leveza, enxergando o lado positivo de tudo, o otimista acredita mais em si mesmo, em suas qualidades e realizações e, embora conheça os próprios defeitos, aceita-os e aprende com seus erros. Ademais, ser pessimista não significa ser estressado, certo?

O estresse biológico acontece quando você tem a liberação dos hormônios do estresse — adrenalina e cortisol — pela glândula adrenal. Esse controle é neural. Agora, se a sua frustração gerou raiva ou tristeza prolongada, muito provavelmente esses hormônios estão sendo constantemente liberados e, quanto melhor você lidar com essa frustração, menos crônica essa liberação se tornará.

Mas como o otimismo pode nos ajudar a enfrentar — ou evitar — uma frustração e o estresse gerado por ela? Estudos demonstram que as pessoas otimistas sofrem menos com os sinais físicos do estresse porque tendem a ter concentrações mais estáveis de cortisol.[9]

As vantagens de treinar o otimismo

Você já parou para pensar nas principais vantagens de ser otimista? Diante das inúmeras frustrações, decepções ou ainda de sentimentos de traição com que podemos ser contemplados, quem cultiva o otimismo está, de certa maneira, se blindando contra o mau humor e o estresse.

Estudos conduzidos pelos prestigiados cientistas Paul Ekman e Richard Davidson demonstraram que forçar um sorriso, desde que verdadeiro, ativa os mesmos músculos faciais e provoca no cérebro a mesma reação criada diante de um sorriso espontâneo.[10] Portanto, sorrir genuinamente, apesar dos dissabores, é um antídoto natural para o mau humor — e, melhor ainda, é grátis! Além disso, você sabia que o simples ato de sorrir faz endorfinas serem liberadas?[11] Imagine então dar uma gargalhada sincera, com vontade, daquelas de contagiar todo um estádio de futebol!

Quem é otimista tem um sistema imunológico (produtor de células necessárias para combater doenças) mais eficaz,[12] principalmente o otimista que consegue rir das próprias dificuldades, problemas e frustrações. Isso acontece porque o otimismo, além de ajudar o sistema imunológico a funcionar melhor, é benéfico para vários de nossos órgãos, como os pulmões, o cérebro, o coração — inclusive ajudando a prevenir infartos.[13,14,15]

Conclusão: quem é otimista e genuinamente sorridente em geral adoece menos e, mesmo quando isso acontece, se cura mais rápido que o pessimista e lida melhor com suas aparentemente inexoráveis frustrações.

Além disso, o riso ajuda a queimar calorias (embora muito menos do que a maioria desejaria...) e a dormir melhor. Bom, se você estava na dúvida se valia a pena acordar e dar um bom-dia alegre, de sorriso largo, a seu parceiro que roncou a noite toda ou a seu filho, que ao cruzar com você no banheiro nem olhou na sua cara, está aí a resposta.

Só rir ou sorrir!

Falando sobre a importância de sorrir, achei uma grande sacada quando li sobre o Smile Mirror, invenção do designer Berk Ilhan, que criou esse espelho para motivar as pessoas, principalmente pacientes que enfrentam câncer, a sorrir.[16]

O aparelho lembra um tablet com uma tela opaca. Na parte superior há uma câmera conectada a um software de reconhecimento facial que captura todas as nuances do rosto. O gadget só mostra o reflexo da pessoa caso o software detecte um sorriso. O designer passou dois anos desenvolvendo o produto enquanto fazia seu mestrado em Artes Visuais em Nova York.

Ilhan visitou hospitais especializados no tratamento de câncer e conversou com pacientes, cuidadores e oncologistas. Foi então que percebeu que o sorriso pode ser uma ferramenta importante para diminuir o estresse das frustrações em decorrência da doença.

O Smile Mirror surgiu de uma conversa com uma paciente. "Ela me disse que, nos primeiros dias após receber seu diagnóstico, foi muito difícil olhar no espelho para encarar a realidade de que tinha câncer. Nossas expressões faciais afetam a maneira como nos sentimos. Se usarmos os músculos do sorriso, nosso cérebro entende que algo bom aconteceu", afirmou.

Embora eu saiba que quem passa por uma situação crítica como o tratamento de uma doença pode ter outras questões mais sérias do que sorrir para um espelho que lhe devolverá uma imagem que não corresponde à que gostaria de ver, treinar o otimismo e usar a própria imagem para interiorizar a busca pelo melhor é coisa séria. E mais: sorrir independentemente de sua dor será sempre um excelente remédio.

Rir de si mesmo é uma estratégia divertida

Há pessoas que naturalmente conseguem rir *para* e *de* si mesmas. Mas e quem não tem essa facilidade de enxergar o lado mais leve e divertido? Saiba que existe a risoterapia, também conhecida como terapia do riso. Essa terapia, disponível e possível para todas as idades,[17] é muito importante, pois contribui para que não nos esqueçamos da importância do riso.

Não foi propriamente à risoterapia que recorri nos momentos em que mais precisei, quando estava sem chão; mas, de certa maneira, o curso de palhaço, que mencionei na Apresentação deste livro, e as aulas de "desenho do contrário" desempenharam essa função. Essa técnica de desenho consistia em ilustrar um objeto, por exemplo, de dentro para fora ou, ainda, por meio da sua sombra. Realmente, esse foi um importante marco para que eu me apropriasse de verdade dessa competência. Fui buscar graça nos desenhos, em rir de mim mesma, da forma esquisita como eu andava naquela época, das falhas de memória e da falta de vocabulário, assim como de pequenos deslizes e tropeços que eu invariavelmente cometia.

Não posso afirmar que foi somente por conta desse treino que me recuperei sobremaneira — agora sou até escritora, veja só! —, mas com certeza o relaxamento, o autocontrole, a flexibilidade e a compreensão positiva que passei a empenhar sobre os fatos vividos me ajudaram muito. É algo que podemos comprovar por meio da ciência também. O interessante foi que senti antes, na prática, o que depois atestei por meio de estudos. Na minha busca para unir a ciência às experiências, fiz também um curso em neuropsicologia com um dos maiores especialistas na área, o russo radicado nos Estados Unidos Elkhonon Goldberg, que estuda e ensina sobre neuroplasticidade e me ajudou a obter respostas para alguns dos questionamentos que me levaram ao conceito da Plasticidade

Emocional. Essa iniciativa otimista, já que eu nem sabia se iria atingir minhas metas, me fez superar algumas frustrações.

Um otimista de volta para o futuro

Vou usar o caso do ator Michael J. Fox para mostrar que treinar o otimismo tem mais vantagens do que desvantagens.

Quando Fox, mais conhecido por seu carismático personagem Marty McFly, da trilogia *De volta para o futuro*, foi diagnosticado com doença de Parkinson numa idade extremamente precoce para esse tipo de enfermidade (antes de completar 30 anos!), no auge da fama e tendo atingido uma posição invejável em Hollywood, teve primeiro um momento de negação. Imagine quando enfrentou o prognóstico de que viveria no máximo dez anos?

O Parkinson é uma doença neurodegenerativa crônica e progressiva que atinge os neurônios responsáveis pela produção de dopamina em áreas motoras, comprometendo, assim, os movimentos do corpo.[18] De lá para cá, muita água rolou (hoje ele está com 62 anos), e encarar sua condição o fez desenvolver uma resiliência e um otimismo tão grandes que o levou a criar, nos anos 2000, uma fundação com foco na doença. A fundação, que leva o nome do ator, investe milhões de dólares em pesquisa de tratamentos para a doença de Parkinson.[19] Além disso, Fox publicou livros, alguns com títulos motivacionais: *Um otimista incorrigível* e *Lucky Man* (que pode ser traduzido como "Um homem de sorte").[20,21]

Como venho falando ao longo deste livro, quando se trata da tomada de decisão, temos pelo menos duas opções, ainda que não consideremos nenhuma delas a ideal. Sempre podemos escolher como encarar os fatos (não se eles vão ou não acontecer), e isso já tem força suficiente para não nos paralisar diante de uma frustração. Mas trago aqui um exemplo do próprio Fox, que revela sob que perspectiva ele tem encarado sua doença incurável:

A resposta tinha muito pouco a ver com proteção e tudo com perspectiva. A única escolha que eu não tinha era ter ou não ter Parkinson. Todo o restante eu podia resolver. Podia me concentrar na perda e investir em quaisquer medidas reparadoras que meu ego conseguisse criar. Para tudo que a doença tomou de mim, algo de grande valor me foi dado — às vezes, foi apenas algo que me fez ir em uma nova direção que jamais teria trilhado em outra situação.[22]

Ao se referir aos seus livros publicados, ele afirma que as frases e ditados que profere são suas pérolas de sabedoria, e lembra que coisas ruins acontecem independentemente de podermos prever ou esperar. Assim, não faz sentido ficar vivendo o futuro antes da hora.

Dois casamentos

Agora imagine o tamanho da frustração de todos aqueles que iam se casar e tiveram seu sonho interrompido ou adiado pela pandemia. Foi o que aconteceu com Ugo e Gil, que iam se casar em maio de 2020. Ugo, 31 anos, publicitário, já tinha passado por todo o desafio de se assumir homossexual para sua tradicional família cristã e planejava um casamento com o homem dos seus sonhos desde os 12 anos!

Quando começou a namorar Gil, designer gráfico e ator, soube que era ele o par que esperava para realizar seu maior desejo. Confesso que nunca tinha conhecido alguém tão obstinado por esse evento, com todos os pormenores, roupas dos padrinhos e madrinhas (as roupas íntimas destes foram providenciadas e benzidas para nenhuma outra energia "sabotar" a união dos noivos). Até mesmo a astrologia foi consultada. Bom, nada disso foi suficiente para evitar o imprevisível. Quem imaginava um vírus mortal parando o mundo todo? Nem a astrologia.

Ugo precisou de muito autocuidado, foco, perseverança, mas principalmente otimismo para lidar com a profunda decepção da impossibilidade do casório, inclusive com o fato de que não iria ser ressarcido do valor que já havia sido quase totalmente antecipado. Até hoje ele briga na justiça para tentar reaver alguma parte do que foi investido.

Priorizar ser otimista foi imprescindível para ele seguir em frente e realizar seu sonho de menino. Ao final, fizeram não uma, mas duas festas! Primeiro entre familiares, em um grupo pequeno, ainda durante a pandemia. E, dois anos depois, uma grande festa no interior de São Paulo. Trocaram o mar, o plano inicial, por um lago. No lencinho distribuído na festa, a frase: "Para as lágrimas de superação e felicidade".

Competências conectivas

6

Empatia

> *Ser empático é ver o mundo com os olhos do outro,*
> *e não ver o nosso mundo refletido nos olhos dele.*
>
> CARL ROGERS

Você já se sentiu invisível? Como se as pessoas passassem por você e não o notassem? Sente-se frustrado, pois fala e parece que não o ouvem ou porque sua expectativa em relação ao outro foi muito maior ou diferente do que realmente aconteceu?

A frustração tem a ver com nossas expectativas, lembra? O que esperamos tem tudo a ver com o que conhecemos sobre a situação ou sobre o outro.

Atualmente, nem sempre as pessoas se conhecem ou se interessam umas pelas outras de verdade, apesar de estarem "conectadas" por meio de seus celulares ou computadores. As aspas são propositais, pois o fato de podermos nos relacionar com pessoas em qualquer lugar do mundo e a qualquer momento não significa que nosso coração e mente estejam em sintonia com os do outro. E menos ainda significa que as pessoas sejam empáticas umas com as outras.

Você nota essa "desconexão" ou falta de empatia no seu dia a dia? Seu chefe não enxerga seus esforços e sua dedicação; seu médico não percebe seu sofrimento e o vê apenas como um exame ou diagnóstico a ser elaborado; seu irmão não nota sua dor; sua mulher (ou marido) não sabe quem você é de verdade, mesmo dividindo a cama com você há anos; seu filho parece não tirar os fones de ouvido nem para tomar banho, muito menos para atender a um pedido seu; e assim por diante?

Pode ser que você ou as pessoas com quem se relaciona não treinem a empatia e ainda não saibam o que é se colocar no lugar de outra pessoa, enxergar o mundo pelos olhos do outro. E isso aumenta muito a chance de se frustrar. Lembro aqui que conhecer melhor a situação e o outro, bem como a si mesmo, é quase um *airbag* para a frustração — é uma proteção.

A palavra "empatia" foi usada pela primeira vez na década de 1920, pelo psicólogo americano E. B. Titchener. Sua tese era a de que a empatia vinha de uma espécie de imitação do estado emocional, por exemplo, da angústia, de outra pessoa, que evocaria os mesmos sentimentos em nós. Mal sabia ele que antecipava descobertas sobre o neurônio-espelho, que vamos abordar mais adiante. Hoje o conceito de empatia foi ampliado para uma capacidade multidimensional de aspectos afetivos, cognitivos e comportamentais.[1]

Neurônios da conexão entre pessoas

Quando minha bisavó contava como era sua relação com seus irmãos, primos, amigos, não empregava a palavra "empatia", mas para mim fica claro que ela fazia uso de seu significado sem precisar nomeá-lo. Entre as coisas que ela me ensinou está treinar minha capacidade de ver o outro, não apenas com os olhos, mas também com o coração.

Sem saber, fui exercitando meus neurônios-espelho, que "moram" no nosso cérebro e facilitam a imitação do outro desde que somos pequenos. Sabe quando alguém boceja e você, mesmo sem sono, também começa a bocejar? São os tais neurônios entrando em ação.[2]

Mas você pode estar se perguntando se só é possível treinar a empatia quando criança ou se isso pode ser feito também depois de adulto.

Qualquer área pode ser exercitada em qualquer etapa da vida, mas nos primeiros anos o nosso cérebro é mais plástico e processa com maior facilidade as informações a que é exposto. É por isso que na infância é tão importante brincar. Ao espelhar o outro, fazer o que o outro faz, o treino da competência da empatia acontece como brincadeira de criança.

Para os adultos, treinar a empatia não significa imitar os outros, mas buscar "sentir" o que o outro sente, na alegria e na tristeza, até que o sentimento não nos separe.

O circuito da empatia no cérebro e seus personagens-chave

Quem se lembra de ter brincado de copiar o outro quando criança? Quem já achou graça do personagem Mr. Bean imitando as pessoas na rua? Esses casos nos fazem rir, pois são situações engraçadas e, se praticadas quando pequenos, nos ajudam a desenvolver os circuitos da empatia. E empatia é coisa séria.

O sistema neurobiológico envolvido na empatia é bem mais complexo do que um simples jogo de imitação. E quais são os personagens principais do cérebro no desenvolvimento da empatia? Além dos neurônios-espelho já citados, a circuitaria da empatia inclui a ínsula, a junção temporoparietal e as amígdalas cerebrais (não confundir essas com a amígdala palatina, aquela estrutura próxima à garganta da qual a gente só se lembra quando inflama!).

As amígdalas cerebrais são tão importantes que já foram chamadas de "sentinelas das emoções". Elas funcionam como uma grande central catalisadora de emoções primárias e são ativadas sempre que estamos diante de estímulos emocionais impactantes. Para mim, são como campainhas emotivas, que sinalizam as reações emocionais (como o medo em um sequestro-relâmpago, por exemplo) e são superimportantes na aprendizagem de conteúdos emocionalmente fortes.

Assim, elas desempenham papel essencial no circuito da empatia, já que é por onde emoções são sinalizadas e identificadas. Sem elas, você não perceberia suas emoções nem conseguiria fazer a leitura correta das emoções do outro.[3]

E quanto àquela minúscula ilha no meio do cérebro chamada ínsula? É uma pequena região do córtex cerebral — uma área do cérebro tão desconhecida e, ao mesmo tempo, essencial para entendermos o nosso comportamento. Há quem diga que é nela que está localizado o núcleo da consciência. Por ora, alguns neurocientistas afirmam apenas que essa estrutura funciona como o manancial das nossas emoções.[4]

Ao nos conferir sensações como nojo, orgulho e luxúria, por exemplo, a ínsula desempenha um papel amplo em muitas das nossas atividades cotidianas. Também é ela que nos convida a entender o comportamento alheio e, inclusive, a responder emocionalmente à música.[5]

Podemos, então, brincar ao chamar pessoas pouco empáticas ou até mal-educadas de "desinsuladas"? As pouco empáticas, sim, mas a má educação não tem nada a ver com o exercício dessas estruturas cerebrais, e sim com exercícios praticados em casa, na escola, na comunidade, em que se pregam cordialidade, gentileza e boa educação.

Empatia, a competência do século XXI

A empatia tem sido considerada uma das competências cruciais da atualidade e do futuro — notadamente, uma das competências mais importantes para a liderança na vida profissional e pessoal. Afinal, fica muito mais fácil encontrar a solução para um problema quando conseguimos olhá-lo de vários pontos de vista e não apenas do nosso, não é mesmo?[6]

Essa competência nunca esteve tão na moda. Carente de olhos nos olhos, o mundo até ganhou um museu sobre o tema. Criado em

2005 pelo pensador cultural Roman Krznaric, o Museu da Empatia é itinerante e apresenta o conceito da empatia a partir de uma experiência metafórica. O visitante calça um par de sapatos usados e coloca fones de ouvido para ser imaginariamente transportado a uma situação humana que pode ou não despertar compaixão e solidariedade. Pode ser a história de uma menina que desde cedo revelou seu interesse pelo universo masculino ou de um migrante analfabeto chegando a São Paulo. A metáfora "calçar o sapato do outro" — que vem da expressão em inglês "*in your shoes*" e significa "eu, no seu lugar" — é uma forma simples de vestir o significado do conceito da empatia.[7]

A importância da empatia na prevenção da frustração

É cada vez mais comum ouvirmos que "Fulana é uma pessoa empática"; "Sicrano empatizou muito com a questão". Até mesmo matérias em jornais e revistas e o mundo corporativo têm abordado o termo "empatia", em frases como "Siga os três passos para tornar sua empresa mais empática". Nunca essa competência foi tão valorizada formalmente. Mas por que será?

De modo geral, eu diria que é porque a verdadeira empatia nos ajuda a viver melhor. Quem desenvolve a empatia tem maior facilidade para se comunicar com o outro e estabelecer vínculos de confiança. E o contrário também acontece. Quem não consegue ser minimamente empático em suas relações, principalmente nas afetivas, acaba criando uma parede, um muro invisível, porém perceptível.

Para não nos frustrarmos, sabemos que é importante pensar nas diferentes reações de uma pessoa e nos vários desfechos para uma situação — assim não somos pegos de surpresa. Também é importante verificar se o outro entendeu seu pedido ou sua expectativa. Por exemplo, você vai viajar com um amigo que está querendo impressionar uma paquera, e o combinado é que vocês vão rachar o valor das compras do supermercado. Você está duro e não quer gastar muito, mas não deixou isso claro; só falou para o amigo maneirar nos gastos — logo, não se comunicou bem, pois não foi preciso no seu pedido. Mais tarde ele chega com a conta — exorbitante para seus padrões — e você fica super sem graça, depois bate uma raiva e ainda uma frustração soft, mas digna de incomodar.

É um exemplo simples, porém demonstra que, para não nos frustrarmos, precisamos pensar, usar nossas capacidades cognitiva e emocional. Se tivesse se colocado no lugar do amigo, você sentiria o quanto era importante para ele gastar nas compras para um jantar com intenções românticas, mesmo que você não tivesse esse objetivo. E o contrário também é válido: se ele soubesse que você não podia gastar e tivesse se colocado no seu lugar, o mal-estar não teria acontecido. Logo, a comunicação mais clara e o treino empático poderiam ter evitado a saia justa.

O treino dessa competência em particular é bastante eficiente para a superação de problemas de relacionamento, como brigas de casal ou a rivalidade entre irmãos, que muitas vezes pode se tornar uma barreira de frustração quase intransponível. Embora soe até paradoxal, muitas desavenças e emoções desagradáveis fortes nascem dentro da própria família. Lembro aqui que muitas mágoas, desavenças e ódio nas relações familiares se iniciam quando não há exercício empático entre as partes, sejam casais, pais e filhos ou irmãos. Caim e Abel, Rômulo e Remo, Esaú e Jacó, Apolo e Hermes, Ísis e Osíris são exemplos de padrões e faces da rivalidade entre irmãos. (Nunca pensei que problemas de falta de empatia datassem de tão longe!)

Eu mesma acompanhei uma história assim, entre irmãs, no meu consultório. Antônia, a mais velha de quatro filhos, sempre ajudou Taimara, a irmã menor, que tinha dificuldades pedagógicas e de sociabilidade. Na vida adulta, as coisas permaneceram assim, Antônia ajudando Tai até mesmo a encontrar trabalho e a incluindo em seu círculo social. Após um acidente de carro, Antônia ficou hospitalizada por três meses e não recebeu uma visita sequer da irmã. Essa foi apenas uma entre várias atitudes de indiferença por parte da mais nova. Tai levava em conta os próprios interesses e não dava nenhuma satisfação de seus atos.

Depois que se casaram, as irmãs ficaram ainda mais distantes, e a frustração fraterna de Antônia ficou enorme. Tai teve dois filhos, e eles gostavam muito de Antônia — que perdera sua filha. Antônia também era muito generosa para com eles. Isso até a irmã, de modo indireto, afastá-la de sua família nuclear.

Respeitar a decisão do outro, sua pouca empatia e generosidade com pais e irmãos pode ser muito difícil e causar muita frustração, assim como foi para essa família. Mas tomara que Tai possa treinar essa competência, principalmente porque tem filhos, que a tomarão como exemplo. Antônia, por sua vez, precisará treinar o perdão, para superar a sua frustração, já que foi excessivamente empática.

Cada um de nós pratica a empatia de um jeito único. Uns mais, outros menos. Empatia demais, assim como pouca, não faz bem. A pessoa que sempre procura entender o outro em detrimento de si mesma pode enfraquecer, não conseguindo sair do círculo vicioso "raiva, tristeza, frustração, raiva". Colocar-se no lugar do outro o tempo todo e sentir todas as dores do mundo não é saudável, nem para você nem para o mundo. Uma prova disso é que alguns profissionais têm sofrido o que chamamos de estresse empático;[8] entre eles, enfermeiros que trabalham com pacientes com Alzheimer.[9]

Existe empatia que não é emocional?

Mas o que é realmente muito nocivo é a verdadeira falta de empatia. Não para o sujeito pouco empático, mas para quem convive com ele. A falta de empatia é reveladora e pode ser notada em psicopatas, estupradores e molestadores de crianças. Geralmente pode ser percebida ao prestarmos atenção às reações emocionais de alguns indivíduos, aqueles absolutamente racionais e nada afetivos.

E veja só que curioso: estudos apontam que os psicopatas possuem as amígdalas (as campainhas emocionais, lembra?) menores do que seria considerado a média.[10] Além disso, parece que, em pessoas que apresentam o transtorno, há menor quantidade de conexões de algumas áreas frontais do cérebro com outras regiões.[11] Embora não haja uma comprovação definitiva, faz sentido se considerarmos que a psicopatia é associada a baixa afetividade e reatividade a estímulos sociais.

Já alguns psicopatas possuem a chamada "empatia cognitiva" — pautada quase exclusivamente na racionalidade — de forma bastante fortalecida, e podem usá-la para fazer o mal.[12] Afinal, se eu tenho a capacidade de entender a mente e as reações do outro, mas sem sentir a sua dor, posso manipulá-la a meu bel-prazer, não é verdade?

Essa qualidade específica, em detrimento da empatia emocional, mostra que na competência da empatia é preciso equilíbrio. Equilíbrio entre a empatia cognitiva e a emocional: nem excesso e tampouco falta!

Empatia: o vírus do bem que combate a frustração!

Um dos exemplos mais emblemáticos do exercício da empatia pode ser visto no filme *Patch Adams: o amor é contagioso* (1998).[13] Na película, Robin Williams interpreta Hunter Doherty Adams, um estudante de Medicina que, ao observar os médicos no exercício da profissão se relacionando com seus pacientes, intui que a impessoalidade, a falta de calor humano dos profissionais, ou melhor, o menor cultivo da empatia, provocavam ações e reações não percebidas em um primeiro momento, mas que, no longo prazo, repercutiam negativamente na recuperação dos doentes. E foi a vivência do Doherty real que originou um movimento inspirador: a criação de uma linha de conduta humanizada em que o médico, usando o arquétipo do palhaço, se aproxima do paciente e o faz rir. Esse movimento acabou por se espalhar por todo o território norte-americano e, posteriormente, para vários países (incluindo o Brasil), sendo conhecido mundialmente como "doutores da alegria".

A risada e o otimismo com certa dose de empatia são receitas infalíveis!

Superando a frustração por meio da empatia

Sentir-se impactado pela dor ou falta do outro e também por sua satisfação é uma forma muito útil de colaborar com a alegria do outro e de fazer nosso sentimento de frustração ganhar outro contorno, outro peso, outra finalidade, como mencionei anteriormente.

Vou compartilhar mais uma situação vivida por mim. Depois do AVC, o desenvolvimento da empatia foi fundamental para me fazer sentir melhor e atingir novos objetivos. Destituída temporariamente da capacidade de ler e escrever, sem ter mais minha clínica, meu trabalho como psicopedagoga ou os tantos amigos que a gente sempre acha que tem, eu estava atarantada, o que deixava minha família ainda mais sem norte. Foi quando passei a pintar no ateliê de Antonio Peticov, artista generoso e de transbordante talento, e organizamos uma exposição, cujos recursos iriam para famílias moradoras das comunidades próximas, além de também termos oferecido oficinas gratuitas de pintura para quem se interessasse.

Quando tornei plásticas minhas emoções para sentir o outro e junto ao outro, treinei a empatia, "vestindo os sapatinhos" das crianças da creche e dos moradores da comunidade. Mas não vamos confundir empatia com caridade, ok?

Professores, enfermeiros, médicos, psicólogos, psicopedagogos e outros profissionais precisam ser pessoas que tenham a empatia em evidência. Importantes faculdades de medicina estão trabalhando essa competência no currículo do curso, para a formação de médicos mais bem preparados e emocionalmente treinados. O mesmo tem sido feito em empresas de vários campos de atuação. O treino da empatia é muito útil em todas as áreas da vida: para as profissões comerciais, os relacionamentos, a paternidade... e deveria ser aplicado, principalmente, na política, concorda?

Para mim, o treino dessa competência sempre foi fácil; por isso talvez eu escolhi ser educadora. Mas, se você não acha que esse é seu forte, não tem problema. Você pode treinar!

7

Generosidade

Generosidade

*O ideal do amor e da verdadeira generosidade é dar tudo de si,
mas sempre sentir como se isso não tivesse lhe custado nada.*

SIMONE DE BEAUVOIR

Muitas vezes nos sentimos frustrados por desejar coisas que não acontecem e que só beneficiariam a nós mesmos. Às vezes queremos que o outro pense como nós ou que faça por nós aquilo que fazemos por ele, e é frustrante quando isso não acontece. Mas, se passarmos a exercitar a generosidade, poderemos modificar um pouco nosso entendimento das situações e até redimensionar a frustração.

Tem gente que acha que generosidade é a mesma coisa que gentileza. As duas palavras podem até dividir o mesmo radical etimológico, mas são competências diferentes.

A palavra "generosidade" vem do latim *gens*, que, por sua vez, tem como fonte o termo indo-europeu *gen*, que significa "gerar" ou "fazer nascer". Nos dias de hoje, a palavra "generosidade" acabou ganhando o sentido de repartir nobremente sem esperar nada em troca.[1]

O conceito de generosidade não corresponde apenas ao compartilhamento de bens materiais. Compartilhar algum conhecimento ou doar um pouco do seu tempo para alguém também é uma atitude generosa.

Generosidade no cérebro

Segundo o israelense Yuval Harari, professor de história e autor do livro *Sapiens*, nós, humanos, só conseguimos sobreviver e sobressair como espécie porque vivemos em grupo e somos seres colaborativos.[2] Assim, a generosidade faz parte do repertório humano para sustentar tais relações de cooperação.[3]

Alguns estudiosos entendem que a generosidade é uma habilidade; outros, uma competência. Outros defendem ainda que a bondade e a generosidade seriam inatas ao ser humano. Mas repare que o mais importante, independentemente da categorização, é a comprovação do bem que sua prática causa aos indivíduos.

Além disso, quando uma atitude doadora é genuína, um hormônio chamado ocitocina é liberado e diminui a atividade da amígdala (a famosa sentinela das emoções), reduzindo a ansiedade. Mas cuidado: se a sua intenção de doar não for legítima, você poderá acabar ficando ainda mais ansioso. Assim, só seja generoso quando o sentimento for verdadeiro![4]

Generosidade como propósito de vida

A generosidade faz bem tanto a quem a pratica quanto a quem a recebe, então o pecuarista Henrique Prata é, sem dúvida, um cara que transborda bem-estar. Tudo tem uma história; a dele começou com o sonho de seus pais, médicos, de criar um centro de saúde novo e competente a partir de um hospital que estava na iminência de ser fechado por problemas de má gestão. Atualmente, apesar de também ser dono de alguns milhares de cabeças de gado, seis fazendas no Norte do país (todas com nome de santo) e um patrimônio milionário, Henrique é admirado mesmo pelo seu papel como presidente do Hospital de Câncer de Barretos — rebatizado de Hospital de Amor —, a 430 quilômetros da cidade de São Paulo.

O Hospital de Amor é um dos maiores e melhores centros de tratamento de câncer do Brasil, com atendimento gratuito — e pelo qual Henrique não ganha nem um centavo. Sob sua gestão, o hospital realiza leilões de gado e angaria doações para quitar dívidas e ampliar as instalações, que atendem apenas pacientes do SUS. Henrique revelou que a sua vida ia muito bem, mas que só se sentiu completo quando passou a se ocupar em fazer o bem ao próximo. Ou ainda, por meio da generosidade, atingiu o seu ponto alto em realização pessoal e propósito de vida.

Há motivos de sobra para ele ter orgulho de ser referência em oncologia para mais de 1.600 municípios dentro e fora do estado de São Paulo. Administrar um centro de excelência em pesquisa e atendimento hospitalar, que chama a atenção até mesmo no exterior, sem dúvida exigiu de Henrique muita doação, principalmente de seu tempo, seja se envolvendo em campanhas de arrecadação de dinheiro para a manutenção do hospital, seja buscando novos métodos de melhoria tecnológica e captação de profissionais.

Conheci o trabalho de Henrique mais de perto porque um de meus pacientes era doador financeiro do hospital; inclusive, sua esposa também fazia um lindo trabalho voluntário. Nesse sentido é que digo: quando praticamos a generosidade, nos fortalecemos para enfrentar as frustrações, principalmente se essa atitude é um exercício constante em nossa vida.

Você pode até pensar que isso acontece porque, ao desviarmos a atenção dos nossos problemas, nos aliviamos. De fato, a distração pode causar alívio, mas não gera o enorme bem-estar e satisfação que o cérebro produz quando praticamos a generosidade.

Existe um termômetro para a generosidade?

Quando alguém se destaca ao dar exemplo de generosidade e humildade, é capaz de virar manchete e atrair os holofotes da mídia.

É o caso do ator Keanu Reeves, conhecido por seu personagem Neo, do filme *Matrix*, que foi flagrado em vídeo cedendo gentilmente seu assento no metrô para uma senhora com uma pesada bolsa a tiracolo.

Além de gentil, Reeves é generoso. Ele tem uma fundação que financia hospitais e pesquisas para a cura do câncer, além de apoiar muitas instituições de caridade e causas importantes.[5]

Se a empatia e a generosidade de Reeves se originam do fato de ele ter muito dinheiro, não posso afirmar. No entanto, posso garantir que, de modo geral, ter muito ou pouco dinheiro não é termômetro para medir a generosidade.

Inclusive, no meu entender, compartilhar dinheiro parece, de certa forma, mais fácil se comparado a compartilhar um bem limitado e escasso como o tempo.

Em 2018, me inscrevi com meu marido em um programa de apadrinhamento afetivo. Organizado pelo Instituto Fazendo História, o projeto tem como objetivo dar suporte a adolescentes que foram apartados de suas famílias por se encontrarem em situação de risco.

Não vou analisar aqui o programa (que é maravilhoso), mas quem se propõe a participar dele doa seu tempo e cuidado à educação, saúde e bem-estar de um adolescente cujo sucesso, a princípio, seria improvável. Durante os seis meses e as dezenas de encontros de qualificação antes de saber se estaríamos aptos a apadrinhar um adolescente, conheci pessoas entre 30 e 70 anos, das mais variadas condições socioeconômicas e culturais, dispostas, como eu e meu marido, a se comprometer pelo resto da vida doando nada menos que seu tempo e afeto.

Para você ter uma ideia, muitos do grupo enfrentam duas horas de ônibus ou uma hora e meia de carro para chegar ao abrigo; por isso, é necessário abrir mão de alguns compromissos no dia anterior ou mesmo no fim de semana — chegar cedo da noitada para estar no dia seguinte pela manhã com seu apadrinhado ou deixar de viajar para curtir o sábado na praia. Essas pessoas, para mim, dão exemplo de generosidade.

Independentemente de quem você seja, do seu poder aquisitivo ou de sua idade, lembre-se de que o momento para ser generoso é agora. E, se você está frustrado com sua situação atual, seja ela qual for, a generosidade pode ser a cura.

Se você esperar ter dinheiro, tempo de sobra ou que seus filhos cresçam, o dia da generosidade nunca chegará. Como diz uma célebre frase de Sêneca: "Muito breve e agitada é a vida daqueles que esquecem o passado, negligenciam o presente e temem o futuro. Quando chegam ao fim, os coitados entendem, muito tarde, que estiveram ocupados fazendo nada".[6]

A chance de ser generoso

Hélio, um paciente meu, estava cursando uma pós-graduação em Administração de Empresas com o objetivo de melhorar sua renda. Ele e a esposa estavam esperando o segundo filho. Porém, Hélio foi demitido e precisou interromper os estudos. Ficou chateado, sentindo-se desenergizado.

Durante o período em que Hélio ficou desempregado, um casal se mudou para uma casa próxima à dele: seu João, de 81 anos, que sofria de Alzheimer, e sua esposa, dona Neuza, que cuidava dele sozinha. Empatizado com a situação do casal, Hélio se ofereceu para ficar com seu João no fim do dia, para que dona Neuza pudesse fazer compras ou alguma outra atividade, e para ajudá-la a dar banho no esposo. Nossa, quanta generosidade do meu paciente, né?

E foi a generosidade que fez Hélio enxergar novas possibilidades para ele mesmo diante da frustração de ter sido, pelas circunstâncias, obrigado a parar de estudar. Inscreveu-se para uma bolsa de estudos em um curso de técnico de enfermagem. Poderia ser uma nova profissão ou uma forma de melhorar a ajuda que dava a seu João.

"Antes eu só trabalhava para a empresa. Agora, faço muito mais coisas, sinto mais energia. Nunca imaginei que 'fazer o bem, sem olhar a quem' pudesse ser tão fortalecedor."

Generosidade não tem gênero, idade ou conta bancária. Não é droga nem remédio, mas, cada vez que a treinamos com verdade, dá mais vontade de exercitar. E exercitar a doação do tempo em uma época de frustração financeira e desilusões materiais é uma preciosidade a ser presenteada a todos.

8

Gratidão

A gratidão é a memória do coração.

ANTÍSTENES

Como pensar em gratidão se falamos em um sentimento que nos é incômodo e, muitas vezes, custoso, como a frustração? Como conseguir ser grato por algo de ruim que nos aconteceu ou por algo que queríamos muito e não deu certo?

Não é fácil. Pelo contrário, eu diria que é um tremendo desafio. Mas exercitar a gratidão pode relativizar e recontextualizar nossas ações, sentimentos e pensamentos, principalmente quando somos gratos a tudo e a todos no Universo, como se o simples fato de existir fosse uma dádiva divina. Não cheguei a esse estágio ainda (e talvez nem chegue). Não vou estabelecer um objetivo tão distante, mas posso direcionar minha mente e meu coração a reconhecer as coisas boas que já experimentei e vivenciei.

A palavra "gratidão" vem do latim *gratia*, que significa literalmente "graça", ou ainda *gratus*, que se traduz como "agradável". Significa reconhecimento agradável por tudo quanto se recebe ou lhe é reconhecido.[1]

Logo, treinar a gratidão pode nos tornar cheios de graça, trazer a memória do coração ou, simplesmente, transformar em amor o que a vida vive e a alma sente.

Gratidão gera sinapses de contentamento

"A investigação da base neural da gratidão amplia o conhecimento da neurociência afetiva e do estudo das emoções (desde as básicas até as mais complexas) que são tão importantes para o bem-estar. Quanto ao cérebro, a investigação da geração de gratidão e da experiência atrelada a ela está apenas começando", dizem António Damásio e sua equipe.[2]

Em um de seus estudos, Damásio identificou que, quando as pessoas relatam sensações de agradecimento, o cérebro mostra maior atividade na região do córtex pré-frontal medial e do córtex cingulado anterior.[3] Essas regiões cerebrais estão associadas à cognição moral e ao juízo de valor, além de serem conectadas a outras áreas que regulam emoções e estresse de forma positiva.

Incríveis são as imagens do cérebro em atividade quando estamos em estado de graça ou gratidão. De acordo com um importante estudo sobre o assunto, as pessoas que demonstraram gratidão apresentaram maior ativação de regiões do hipotálamo que controlam muitas funções básicas, tais como o sono.[4] Imagine que delícia estar grato e ainda dormir superbem!

Além das emoções primárias (medo, raiva, tristeza, alegria, nojo e desprezo), temos as secundárias (ciúme, orgulho, vaidade, vergonha e culpa), também chamadas de emoções sociais, sendo algumas delas consideradas emoções morais. No caso das emoções morais,[5] independentemente de a causa do bom resultado ser você mesmo ou outra pessoa, há a ativação do sistema de recompensa do cérebro. E isso nos deixa instantaneamente satisfeitos, graças ao efeito da famosa dopamina.[6] Ou seja, não importa de quem parte a ação: ser grato ou agir para fazer outra pessoa se sentir grata a nós tem o mesmo efeito benéfico.

Na palestra no TED *Want to Be Happy? Be Grateful* (traduzindo: "Quer ser feliz? Seja grato"), o monge católico beneditino David

Steindl-Rast nos lembra o que é dar graças: "É parar por um instante para olhar ao redor e reconhecer as oportunidades que temos, e lembrar que, mesmo se algo dá errado, a vida nos dá, em seguida, a oportunidade de tentar de novo. Na pior das hipóteses, podemos ser gratos só por essa oportunidade de seguir adiante".[7]

Eu que o diga! Quantas oportunidades de seguir adiante eu tive e continuo tendo... Prova de que ainda tenho muito a realizar por aqui, quero crer. Há coisas que não consegui? Muitas. Há realizações que poderiam ter sido melhores? Sim, várias. Mas, toda vez que me percebo inteira novamente, me encho de graça, e não tenho como deixar de agradecer. É preciso sempre lembrar que nem tudo depende de nós e que, quando algo de bom acontece, provavelmente outros também colaboraram. Não estamos sozinhos, não vivemos sem o outro e temos que ser gratos àqueles que nos ajudaram. Assim, a gratidão é, por definição, um sentimento de felicidade — mas um que podemos escolher ter a cada instante. Nosso cérebro adora quando damos graças e nos retribui com muita sensação boa.[8]

O porta-voz da gratidão

Mas será mesmo que as pessoas gratas é que são felizes? Todos conhecemos muita gente que tem tudo para ser feliz e não é porque quer algo mais ou simplesmente mais do mesmo. E todos conhecemos pessoas que passam por várias adversidades pelas quais nós mesmos não gostaríamos de passar e, ainda assim, são profundamente contentes — irradiam felicidade. É surpreendente. Por que isso acontece? Porque elas são gratas.

Segundo Steindl-Rast, não é a felicidade que traz a gratidão; é a gratidão que traz a felicidade. "Se vocês pensam que é a felicidade que os torna gratos, pensem novamente. Nós podemos ser gratos a cada momento pelas oportunidades."[9]

Palavras poderosas e inspiradoras, não? E ele não se refere apenas às oportunidades positivas, mas às que fazem parte da vida de todo mundo: oportunidades de aprender, de sofrer, de ficar em pé. Enfim, oportunidades proporcionadas pelos obstáculos e também pelas pequenas conquistas diárias.

Você já reparou que ser grato é como você vê as coisas e o mundo? Você pode até ser otimista e não ser grato; mas, se é grato, é otimista.

Modelo de gratidão

Para exemplificar o que Steindl-Rast diz sobre ser grato a todas as oportunidades, mesmo quando adversas, a história da jovem modelo mineira Paola Antonini cabe como uma luva. Aliás, para mim, a própria Paola é um exemplo.

Às vésperas do Ano-Novo de 2014, Paola e seu namorado estavam se preparando para curtir o Réveillon em Búzios quando ela foi atingida por um carro conduzido por uma motorista embriagada e teve sua perna esmagada. Após mais de catorze horas de cirurgia, Paola teve a perna amputada na altura da canela. Duas semanas depois, outra má notícia: a amputação deveria se estender até acima do joelho.

O que para muitos seria motivo de raiva, vitimização e até vontade de desistir virou um motivo de agradecimento para ela. Em vez de se abater, Paola optou por agradecer à vida e à oportunidade que estava recebendo de seguir o seu caminho. "Há uma cicatriz enorme na minha perna direita, e não tenho vergonha, e sim muita gratidão por estar viva", disse em uma entrevista ao jornal *O Globo*.[10]

Isso tudo mostra bem como otimismo e gratidão fazem parte da vida dessa mulher, que não é só modelo de moda mas também um modelo de superação: "Traços naturais do corpo que muitas mulheres enxergam como o pior dos defeitos — um braço assim, um nariz assado — deixaram de ter importância. Mulheres que antes encasquetavam em esconder uma parte do corpo em uma foto, um 'defeitinho' no rosto com um filtro de aplicativo, ou até por meio da criação de um avatar, por se considerarem imperfeitas, percebem o tamanho da besteira diante de alguém que não esconde, pelo contrário, a ausência de uma perna", disse em outra entrevista.[11] A autopiedade é que nos deixa feios, pequenos. Quem agradece entende o próprio valor.

Maneiras de cultivar a gratidão

Quando adoto a postura de ser grata, parece que se esvai a sensação de me frustrar, de dar murro em ponta de faca, de falar com as paredes. Tiro o foco do que é ruim, reconheço meus esforços e me vinculo ao que de bom existe em minha vida.

Quer ver um exemplo prático? Como já mencionei, após sofrer o AVC, fui obrigada a descobrir novos caminhos para ressignificar os gigantescos desafios e mudanças que se apresentaram diante de mim. Fiquei atenta ao que me fazia bem, ao que passou a ser importante, a tudo que eu ainda tinha, e percebi que realmente ainda tinha muita coisa. Foquei aquilo em que deveria investir tempo e esforço para me aperfeiçoar como pessoa: o agora. E, como já disse: hoje agradeço pelas novas oportunidades e por ter conseguido chegar aonde cheguei.

Na gratidão, descobri a alavanca para me impulsionar sempre para a frente. É claro que é um processo, e me percebo ainda uma aprendiz nessa jornada. Mas faz parte, certo? Por isso é importante — pelo menos para mim — conhecer outros casos inspiradores, como o de David Steindl-Rast e o da Paola Antonini.

Agora, se analisarmos que a gratidão pode ser uma maneira de apreciarmos o que temos, em vez de sempre buscarmos algo novo ou diferente — na esperança de que nos torne mais felizes —, já imaginou de quanta frustração podemos nos poupar?

A gratidão ajuda as pessoas a se concentrarem no que têm, em vez de no que lhes falta. Você pode até torcer o nariz para essa proposta, que pode lhe soar artificial a princípio, mas, inspirada no livro *Consciência emocional: uma conversa entre Dalai Lama e Paul Ekman*, posso lhe garantir: "Esse estado mental se fortalece com o uso e a prática".[12]

Não digo que ser grato é parar de almejar mais benesses ou uma vida ainda melhor, mas sim reconhecer o que se tem e se nutrir com isso, a fim de obter energia e força para seguir vivendo.

Fica mais fácil não se frustrar quando se aprecia o que se tem, quando se sente pleno pelo que se é e quando se faz o melhor que se pode.

Foi o que a minha paciente Verônica aprendeu a fazer. Quase chegando na casa dos "enta", ela só sabia reclamar das obrigações e das frustrações por nada ser exatamente do jeito que ela queria. E o que ela queria? Queria, junto a várias outras expectativas, ter cursado Medicina logo ao sair do colégio, mas, após tentar entrar no curso por três anos sem sucesso, desistiu. Também se sentia insatisfeita com o trabalho e a aparência.

Sem dúvida, o exercício da gratidão ajudou Verônica a se posicionar melhor em relação aos seus quereres dentro do contexto de vida que tinha. Ela percebeu como era importante ser grata pelas dádivas que já possuía: sua saúde, sua mãe, o namorado dedicado, suas qualidades e sonhos. Verônica nunca tinha pensado que agradecer pelas oportunidades que tivera geraria tamanho bem-estar e um novo entendimento sobre a vida.

Aos poucos, ela passou a reconhecer quantos pequenos milagres aconteciam em seu dia a dia. Também começou a se programar melhor: ela e o namorado fizeram contas, e ele, tomando ciência do sonho de Verônica, emprestou o dinheiro para a matrícula na faculdade e se comprometeu a ajudá-la com as mensalidades. O namorado, aliás, disse que, caso ela não pudesse pagá-lo de volta, o dinheiro seria um presente. E, diante de tamanha generosidade, ela passou a usar cotidianamente a memória de seu coração para buscar consciência das coisas boas da vida.

9

Gentileza e autocuidado

Certteza e aproximado

Gentileza gera gentileza.

CAMPANHA LIFE VEST INSIDE

Ceder o seu assento no ônibus para uma pessoa que está segurando um pacote ou abrir um sorriso para alguém sem necessariamente ter um motivo podem até parecer questão de educação, de agir como nossos pais nos ensinaram, mas é mais do que isso: é a boa e velha gentileza.

O ato de ser gentil, de dedicar atenção e cuidado ao próximo sem esperar nada em troca, costuma render benesses tanto para quem recebe quanto para quem pratica. É exatamente isso que você entendeu: uma atitude genuína, não só de gentileza, mas também de amabilidade, traz benefícios, e muitos, para quem a realiza. É o conhecido "efeito bumerangue", que também ajuda a encarar algumas dificuldades e tristezas. Mesmo que você esteja se sentindo engasgado com algo, independentemente de haver um responsável por sua frustração, procure realizar atos gentis.

A raiz da palavra "gentileza" é bem curiosa, uma vez que significa "origem comum" ou ainda "que pertence à mesma família ou clã".[1] Logo, tratar o outro com gentileza não é nada mais do que tratar o outro como a um irmão.

Hoje em dia, muitas atitudes que antes eram consideradas gentis, como abrir a porta para quem entra ou sai, ou puxar a cadeira para quem vai se sentar, passaram a ser vistas como "fora de moda".

Gerações mais jovens podem não entender que deixar uma mulher passar à frente é uma questão de gentileza, pois não veem importância ou diferença nessa atitude. A verdade é que existem várias maneiras de ser gentil ou cortês, independentemente da sua geração, e isso varia de acordo com a cultura em que estamos inseridos e a época em que vivemos. O mais importante é: a boa intenção deve sempre estar por trás do ato.

A gentileza é determinada pelo nosso cérebro?

As fronteiras entre os circuitos cerebrais que operam a gentileza, a generosidade e a compaixão são tênues. Essas competências também são conhecidas como "comportamentos pró-sociais", que se complementam e exigem um movimento na direção do outro.

Quando uma pessoa é gentil, as áreas ativadas em seu cérebro são muito similares ou próximas das de quando a mesma pessoa sente compaixão. E se há alguém que pode falar com propriedade sobre esse tema é Richard Davidson, presidente do Centro de Investigação de Mentes Saudáveis, da Universidade de Wisconsin, nos Estados Unidos. Ele realiza estudos que demonstram que comportamentos como gentileza e generosidade trazem bem-estar ao ser humano.[2]

"Uma das coisas mais importantes que descobri sobre a gentileza e a ternura é que se pode treiná-las em qualquer idade. Estimular a ternura em crianças e adolescentes melhora os resultados acadêmicos, o bem-estar emocional e a saúde deles",[3] afirma Davidson. Estudos com bebês de diversas culturas mostram que a amabilidade, a generosidade e a cooperação parecem ser inatas, mas são frágeis e, caso não sejam cultivadas, podem ser perdidas. Por isso, seu treinamento permanente é importante.[4]

Ainda falando sobre os mecanismos cerebrais que envolvem a gentileza, acho importante compartilhar um estudo da Universidade Duke que sugere que a ativação de três regiões do neocórtex (área do cérebro que nos diferencia dos outros animais) é importante para a expressão de comportamentos sociais como a gentileza. Além disso, os autores da pesquisa acreditam que alterações nessas áreas cerebrais podem contribuir para alguns distúrbios neurológicos, incluindo transtornos do espectro autista (TEA).[5]

Outra linha de pesquisa relaciona a produção de ocitocina (também conhecida como o "hormônio do amor") a atos de gentileza, altruísmo e empatia.[6] E olhe que interessante: a gentileza também pode aumentar a concentração de serotonina (o neurotransmissor que atua como "antidepressivo natural") no cérebro.[7] Existem algumas evidências que indicam que pessoas com depressão teriam menores concentrações desse neurotransmissor. Mais um brinde que você pode vir a ganhar sendo gentil: a prevenção da depressão!

Essas são mostras de que praticar a gentileza pode trazer muito mais do que bem-estar, concorda?

Ser gentil pode "combater" a frustração?

Ser gentil é saber observar e ter a iniciativa de, além de perceber uma simples necessidade do outro, fazer algo relevante para essa pessoa. Eu complementaria dizendo que o autocuidado, embora menos valorizado — porque inconscientemente o associamos ao egocentrismo —, nada mais é que o olhar gentil que nos permitimos dirigir a nós mesmos. E é tão importante quanto a gentileza direcionada ao outro.

Então, ante a sensação de frustração por uma situação não ter saído como você pensou ou se esforçou — uma reunião de trabalho que não saiu como o planejado, por exemplo, ou uma desilusão amorosa —, seja gentil consigo mesmo. Muitas vezes, temos a tendência a ficar enraivecidos e paralisados e gastar muito do nosso tempo pensando no outro, mas pense com cuidado em você e ao mesmo tempo procure por novas estratégias para resolver o problema que o aflige. Perceba que exercer uma ação proativa sendo gentil gera melhores condições para suas próximas escolhas; e ser menos autocrítico vai criar mais espaço no seu entendimento do que realmente ocorreu. Com isso, provavelmente você poderá mobilizar forças para sair da situação frustrante e transformá-la em um novo e reconfortante cenário.

Uma boa prática para treinar gentileza (e empatia) é a da comunicação não violenta (CNV), criada pelo psicólogo americano Marshall Rosenberg.[8] Seu objetivo é gerar mais compreensão entre as pessoas, com menos ruídos de comunicação e falas menos raivosas ou que causem mágoa no outro.

A prática propõe quatro focos de atenção para orientar a nossa comunicação. São eles: observação, sentimentos, necessidades e pedidos. De acordo com Marshall, primeiro precisamos observar as situações como elas são. A partir disso, entender quais sentimentos estão envolvidos e quais as necessidades que nos levam a falar. Por fim, tendo em mente os três primeiros focos, o que gostaríamos de pedir ao outro naquela determinada situação?

Quando nos comunicamos a partir desses quatro componentes, aumentamos as chances de sermos compreendidos — e também nos tornamos mais aptos a compreender o que está por trás das palavras que os outros nos dizem.

A prática da CNV tem como principal intenção gerar mais conexão e maior capacidade de resolução de conflitos nos relacionamentos. É, também, uma forma de aprendermos a ser mais gentis com os outros e conosco.

"Viciada" em gentileza

Eu desconhecia todas as pesquisas que citei quando passei a treinar essa competência; foi exercitando a gentileza de modo intuitivo que percebi quantos benefícios ela trazia para o outro e para mim mesma!

Continuei a exercitá-la cada vez mais e com mais consciência. Hoje posso até brincar que sou "viciada" em gentileza. Não preciso me esforçar para usá-la — ela simplesmente flui, gerando uma onda de energia positiva para os envolvidos. É incrível, eu garanto.

Em 2016, saí do sério durante uma palestra minha sobre Plasticidade Emocional. Não pelo tema ou pela pressão de falar para novecentas pessoas, mas pelo tombo cinematográfico que sofri na frente de todos. Despenquei de costas de um palco, a um metro do chão. Levantei-me rapidamente, me certifiquei de que não havia quebrado nenhuma parte do corpo e segui em frente. Ao final da palestra, fui aplaudida de pé, mas esse fato, juntamente com meu otimismo, não foi suficiente para me livrar completamente do peso da frustração. Precisei ser gentil comigo mesma!

Na saída do evento, dirigindo sozinha, remoendo a cena e minha frustração pelo imprevisto, vi uma moça a pé descendo com dificuldade uma ladeira. Para desviar dos buracos e das raízes das árvores na calçada, ela muitas vezes precisava se deslocar da calçada para a rua. Os carros não paravam, apenas desviavam dela.

"Vou oferecer uma carona, ela pode estar precisando de ajuda", ocorreu-me enquanto dirigia. (Um alerta: é bom ter em mente que, quando nos colocamos no lugar do outro, podemos nos equivocar e, em vez de recebermos um olhar de acolhida, sermos hostilizados. Mas, para quem está a fim de seguir seu impulso de ser gentil, tudo vale a pena, mesmo ouvir um "não".)

Quando me aproximei, desviando de meu caminho, e a abordei, reparei que tinha uma perna mecânica e um sotaque de Portugal. Ela, muito agradecida e cerimoniosa, disse que aceitava a carona, pois já fazia cinquenta minutos que tentava caminhar os dois quarteirões que a separavam de sua casa. Uma vez dentro do carro, conversamos sobre as condições precárias das calçadas e nos solidarizamos com nossas experiências ruins daquele dia.

A carona, esse pequeno gesto de gentileza, me fez conhecer uma pessoa muito especial — uma cantora que gentilmente me retribuiu com ingressos para o seu show. Vejam como terminou meu dia: gentileza e uma pitada de empatia "gerando a gentileza" para uma desconhecida e relativizando o acontecimento inesperado e desagradável ocorrido na minha palestra.

Fazer o bem pode até parecer mágica — uma magia que está em suas mãos, seu coração e seu cérebro.

A importância do autocuidado e da autogentileza

Como disse o escritor Mark Twain, "a pior solidão é não estar confortável consigo mesmo".[9] Se há algo que devemos cultivar sempre, é uma boa autoestima. Essa atitude aumenta os sentimentos agradáveis e a sensação de bem-estar. E, para isso, precisamos nos tratar com carinho, valorizar nossos êxitos e reconhecer as coisas que sabemos fazer bem. Caso você se sinta frustrado por algo não estar de acordo com o que imaginou ou com as expectativas alheias, não seja o carrasco de si mesmo.

Segundo o professor e ativista Parker Palmer, "o autocuidado não é um ato egoísta; é simplesmente o gerenciamento adequado do único dom que tenho, o dom que estou no mundo para oferecer aos demais".[10]

Essa frase se mostra cada vez mais verdadeira conforme reflito sobre o seu significado à luz de casos de pessoas que atendo em meu consultório que cresceram sem uma boa autoestima.

Veja a história do meu paciente Edson. Sempre exigente consigo mesmo, quando chegou ao meu consultório se encontrava bastante angustiado e frustrado: sua esposa pedira a separação, pois se sentia desvalorizada. Abalado com a notícia, ele percebeu que havia criado uma "carapaça" para se proteger, agindo como se estivesse acima de todos. Isso, na verdade, era fruto de sua baixa autoestima.

O processo de resgate do seu casamento começou com ele se cuidando mais. Passou a cortar o cabelo com maior frequência e a usar roupas que valorizassem mais seu tipo físico. Também resgatou o hobby de colecionar selos, que ele adorava. Olhou mais para si, com humildade, e assumiu faltas e falhas, inclusive com a esposa. Procurou cultivar o respeito e o cuidado consigo mesmo. Repare: a frustração e a raiva ficam menos impiedosas quando o autocuidado entra em cena.

Pequenas atitudes de gentileza

Agora que você já conheceu os benefícios da gentileza, pode usá-la sem moderação. A seguir, algumas pequenas atitudes que vão fazer de você uma pessoa mais gentil.

- No trânsito, dê passagem a um pedestre ou a outro carro.
- Ofereça ajuda a desconhecidos que pareçam estar passando por dificuldades. Por exemplo, auxilie um idoso a atravessar a rua ou a carregar as compras.
- Ofereça o que está comendo ou bebendo a alguém, independentemente de conhecer essa pessoa.
- Faça favores, mesmo quando entender que não é sua função. Quando terminar o papel higiênico no banheiro do escritório, por exemplo, avise aos responsáveis ou reponha você mesmo para o próximo usuário.
- Ofereça sua companhia para alguém que está sozinho. Ao avistar alguém em um ponto de ônibus, táxi ou metrô, pergunte se ele precisa de companhia.
- Busque mais informações e exemplos de como a gentileza é contagiante. Sugiro que veja um vídeo muito interessante,

disponível no YouTube, intitulado *Life Vest Inside — Kindness Boomerang: One Day*,[11] que diz muito sobre essa questão de vibrar positivamente e fazer a gentileza circular. Vale muito a pena.

- E nunca se esqueça: gentileza gera gentileza! O ato de ser gentil, mesmo que não acabe com a sua frustração, ajudará a amenizá-la e, de quebra, o deixará mais leve.

Competências executivas

10

Perseverança

Perseverancia

Há mais pessoas que desistem do que pessoas que fracassam.

HENRY FORD

Você já ouviu a expressão "Água mole em pedra dura tanto bate até que fura"? É a mais pura verdade! Muitas vezes, para atingirmos o que desejamos, precisamos repetir, em parte, a ação da água: insistir, manter o movimento, perseverar. Para não se frustrar diante de uma atividade que é difícil ou que dá trabalho para finalizar, não nos resta alternativa além de ter perseverança.

A perseverança vale para tudo, desde terminar de ler um livro que você começou há algum tempo e que não conseguiu passar da página 20 até atingir objetivos mais complexos, como se reabilitar de um trauma ou de uma lesão, deixar de fumar, emagrecer, passar em um concurso, entre outros.

No dicionário, perseverança é fazer algo apesar de dificuldades, obstáculos, decepções ou desafios impostos. É o hábito de persistir, se motivar e se disciplinar, apesar da demora para a realização de um desejo. É uma qualidade essencial para atingir seus objetivos e alcançar o sucesso almejado.[1]

É importante lembrar desde já que talento, no que quer que seja, não é sinônimo de sucesso. Você pode ser um excelente ginasta, com um talento digno de ganhar uma medalha de ouro nas Olimpíadas, mas não exercer a perseverança necessária para atingir tal meta. O talento por si só não basta; ele não o habilita a alcançar a medalha ou o pódio, a ser premiado por aquilo em que você é bom. É preciso insistir, exercitar, se agarrar à sua meta, ser capaz de enxergar não só o presente como também um pouco mais à frente, e manter-se motivado. Não é algo simples nem fácil, mas o treino pode ajudá-lo a manter, alcançar, demarcar ou mudar seu objetivo.[2]

O *quanto* a água bate e *como* bate são questões que exigem, além de treino e habilidade, discernimento, para não confundirmos perseverança com persistência.

Qual a diferença, então, entre persistência e perseverança?

Vamos pegar o exemplo do tetracampeão paralímpico de canoagem Fernando Fernandes. Será que ele foi persistente ou foi perseverante?

Antes de completar 30 anos de vida, no auge de uma bem-sucedida carreira como modelo internacional, Fernando sofreu um acidente de carro e fraturou a coluna, mais especificamente a 12ª vértebra. Ficou paraplégico. Mas, em vez de desistir ou paralisar a vida, encontrou outra forma de continuar atuando: por meio do esporte.

Aqueles que leram seu livro, *Inquebrável*, talvez afirmem que ele também foi, e é, corajoso e cheio de fé, é claro. Isso porque ele tinha um propósito: mostrar ao mundo que deficiência não é incapacidade, mas uma condição para superação. Após seu acidente, começou a treinar com o objetivo de participar da São Silvestre, emblemática corrida de rua realizada em São Paulo. Deparou-se com inúmeros empecilhos, insistiu, repetiu, desenvolveu estratégias, acertou a rota de seus treinos, adaptou metas.

Foi um começo. Mas Fernando encontrou a "sua solução" na canoagem, pois se percebeu em uma situação de igualdade com quem caminha ou corre. Brilhante escolha, pois descobriu que nesse esporte as pernas não eram essenciais; ele poderia "correr" sem elas e, dessa forma, atingir seu objetivo. Assim, Fernando não foi apenas persistente. Ao se adequar, optando por outra modalidade de esporte, que utilizava outras técnicas, mais condizentes com sua nova condição, mostrou-se perseverante. Fernando tinha algo maior em mente que não apenas o exercício em si. Quantas não devem ter sido suas frustrações... No entanto, acompanhando sua trajetória, fica evidente que ele transformou perdas em ganhos.[3]

Quanta inteligência e astúcia, quanta estimulação de sua Plasticidade Emocional foi necessária para tamanha superação! Quando tinha tudo para ficar prostrado em casa, chorando por não poder mais caminhar nas passarelas da moda, esse homem, treinando sua perseverança e "alimentando" sua motivação — e natural aptidão para os esportes, que sempre praticou —, passou a "remar" nas passarelas da vida, e mais: carregando medalhas e distribuindo inspiração para muita gente.

E a persistência mental?

Nos dicionários encontramos vários sinônimos para persistência, tais como tenacidade, constância, determinação, resolução e firmeza no propósito.[4] Embora a perseverança e a persistência dividam algumas dessas definições, segundo o fundador da psicologia positiva, o psicólogo Martin Seligman, a perseverança é diferente da persistência mental.[5] O sujeito que tem uma ideia de algo que precisa fazer e a mantém pela vida toda, porém sem realizá-la, não detém a virtude da perseverança, apesar de ter em si uma ideia persistente.

Durante a recuperação do AVC, recobrar minha memória foi um grande desafio, encarado de diversas formas e de maneira ineficiente no início. Um dos exercícios que simplesmente não funcionava era o de resgatar trajetos para chegar à casa dos meus pais. A frustração era diária. Por mais que o percurso tivesse sido feito no dia anterior, por mais que eu soubesse que meus pais moravam no mesmo lugar desde meu nascimento, o mapa havia se apagado do meu cérebro. Eu e meu "enfermeiro-motorista-polivalente" éramos persistentes na ação, mas eu nunca chegava ao meu destino sozinha, sem que ele me "emprestasse" sua memória. E eu fiquei obcecada por realizar aquele objetivo, sem buscar alternativas ou novas rotas, ou ao menos ficar atenta ao trajeto. Eu tinha uma atitude persistente.

Ao ingressar em um curso de botânica, passei a decorar os nomes científicos das árvores para treinar a memória. Uma estratégia que parecia improvável — pois os nomes científicos eram difíceis — trouxe um novo componente à equação: minha paixão por plantas. O ânimo, a emoção, a faísca que faltavam para acender minha motivação e, consequentemente, minha memória.

Aqueles nomes novos e complicados, como *Tabebuia vellosoi*, serviram não apenas para enriquecer o meu limitado repertório, mas também para resgatar, despertar e iluminar uma lembrança que havia sido perdida: certo dia, ao tentar fazer o caminho até a casa de meus pais, reconheci, quase por mágica, um esquecido ipê-amarelo. Foram as plantas que deram as pistas para memorizar novamente a rota. Assim, mantive meu objetivo com perseverança, mesmo precisando alterar a estratégia.

Diante de uma frustração, você tem três alternativas: desistir, insistir no uso da mesma estratégia persistentemente ou desenvolver a perseverança e encontrar novos caminhos para alcançar seu objetivo. Você sente que precisa melhorar sua perseverança, mesmo não sendo um ginasta que se prepara para as Olimpíadas ou um fenômeno como o Fernando Fernandes? Se sim, você está certo: todos precisamos treinar a perseverança, principalmente para ter tranquilidade ao lidar com as frustrações da vida.

No entanto, antes de falar sobre como podemos treinar essa competência, vamos ver o que acontece no nosso cérebro quando somos perseverantes.

Dopamina, um combustível poderoso da perseverança

Manter o propósito, estimulando recompensas, é um combustível poderosíssimo para a perseverança rumo ao alcance de metas e objetivos.

Pesquisas na área de neurociência identificaram níveis mais elevados de dopamina — também conhecida como "molécula da recompensa" — na formação de hábitos ao longo da vida, entre os quais o de praticar atividades com perseverança.[6] Assim, quando estimulada corretamente, a perseverança se transforma em uma experiência de sucesso, sendo prazerosa e gratificante. Repare que às vezes, mesmo sem alcançar o resultado almejado, você pode experimentar uma sensação de prazer durante as atividades em que foi perseverante.

A dopamina é o combustível que mantém as pessoas motivadas a alcançar um determinado objetivo. Obviamente, uma ampla gama de fatores entra em jogo quando alguém decide insistir em um propósito, mas a dopamina pode ser uma força motivadora para continuar até que os objetivos sejam alcançados.[7]

Segundo a neurociência, as pessoas que perseveram têm níveis mais elevados de dopamina; já as que apresentam índices mais baixos têm uma tendência maior a desistir. Diante dessa ligação com a perseverança, quanto mais você conseguir que a dopamina circule no seu cérebro ao executar alguma tarefa ou projeto, maior será a probabilidade de atingir seus objetivos.

No cérebro, a dopamina atua em uma área chamada sistema de recompensa, e, segundo alguns pesquisadores, temos o poder de aumentar a produção dela ao mudar atitudes e comportamentos.[8] Se quiser fazer a dopamina circular no seu cérebro com maior frequência, crie pequenas metas; assim, quando elas forem cumpridas, seu sistema de recompensa será ativado.

Sim, é possível mudar atitudes e comportamentos. Ainda mais se for para evitar uma frustração hard.

Usando o meu caso como exemplo, na fase de recuperação pós--AVC, percebi que, depois dos repetidos esforços para a memorização dos nomes científicos das plantas sem desistir, havia, provavelmente, uma boa circulação de dopamina no meu cérebro. Graças a ela, eu continuava me sentindo motivada!

Entender um pouquinho sobre o fluxo de dopamina em nosso corpo nos permite transformar em boas e gratificantes as tarefas desagradáveis e exigentes. E é verdade: se você encontrar sentido em uma atividade, mesmo que a considere chata, a ação contida na perseverança irá manter a sua motivação.

A teimosia da frustração × a perseverança de novos hábitos

Algo que, sem dúvida, requer mais perseverança do que criar novos hábitos é abandonar os antigos. Quantas pessoas você conhece que já tentaram largar um vício e acabaram voltando depois de um tempo, criando uma "bola de neve" de frustrações?

Todos sabemos, por exemplo, dos benefícios que parar de fumar ou diminuir a ingestão do açúcar nos trazem. No primeiro caso, ter uma pele mais viçosa, poder respirar melhor, diminuir as chances de desenvolver um câncer; no segundo caso, ter maior disposição, evitar diabetes e fadiga, entre outras benesses. Mas por que alguns de nós não persistem e perseveram por tempo suficiente para realizar um desejo que somente os beneficiará?

A verdade é que, por características individuais, sociais e culturais, muitos adultos não conseguem suportar privações momentâneas, mesmo que seja em prol de um bem maior, como a saúde.

Me recordo de um paciente que tive, Tadeu, que, com apenas 19 anos, tinha imensa dificuldade de preservar suas metas. Ele queria emagrecer, mas já tinha se frustrado com dietas e exercício antes. Também queria parar de fumar. Em meio a tudo isso, estava em crise na faculdade, em relação à sexualidade, sem trabalho e ansioso por mostrar seu valor ao pai. O problema era que, como todo jovem, ele queria tudo ao mesmo tempo, e aí nada parecia funcionar.

Juntos, criamos estratégias e metas para cada um daqueles temas, levando em conta o que já não tinha funcionado antes — por exemplo, ele odiava frequentar a academia. Também sabíamos que não dava para cortar tudo de uma vez em sua dieta. Começamos pelo álcool. E assim, aos poucos, ele foi avançando em suas metas. Ficou claro para mim que a perseverança era o atributo que ele mais teria que trabalhar para atingir os objetivos, mas também precisou de muito foco em resiliência.

Ao final do processo, ele emagreceu 20 quilos — menos do que pretendia, mas o suficiente para se sentir orgulhoso. E passou a se aceitar mais, assumindo, inclusive, sua individualidade sexual. Sabemos que nenhum poder ou conquista tem tempo certo para acontecer. A conquista não é uma linha reta; ela tem curvas, descidas e subidas. Treinar a perseverança e superar desafios também.

Para pessoas com deficiências ou restrições de mobilidade, a perseverança parece ser ainda mais necessária. É o caso de Maitê, 35 anos, pedagoga e psicóloga, estudante de Psicopedagogia, casada, "mãe" de dois pets. Teve um AVC aos oito meses de idade. Seu maior desafio, desde cedo, foi lidar com o preconceito da própria família e com as poucas informações de que dispunham para o cuidado com ela. Tinha vivido seu acidente vascular cerebral quando mal sabia andar, o que causou falta de conexões em suas redes neurais motoras mesmo antes de elas se desenvolverem.

Os mapas motores que seriam criados no desenvolvimento motor normal não conseguiram percorrer os caminhos neurais naturais, o que a fez apresentar hemiparesia (redução de movimento) da perna e braço esquerdos, perda de campo visual do olho esquerdo e maior espasticidade (rigidez motora) do braço e da mão esquerdos. Embora tenha crescido com limitações físicas, o céu era o limite para seu potencial cognitivo. O senso de menos-valia e o de inferioridade foram construindo uma personalidade defensiva, mas criativa; reativa, mas perspicaz; agressiva, mas afetiva. A necessidade de ser aceita é muito significativa na maioria das pessoas, mas em Maitê era tão grande que ela não percebia que precisava ser aceita até por si mesma.

Em 2020, quando Maitê já estava na vida adulta, um novo AVC aconteceu, mas dessa vez foi um Acidente na Vida do Coletivo: a pandemia. No entanto, o que foi tão custoso e triste para tanta gente trouxe uma nova vida para Maitê! Ao assumir uma postura mais firme, de protagonista da própria vida, e receber mais uma ajudinha do imponderável, Maitê conseguiu tirar do papel sonhos antigos. A meta era ser palestrante, nascida da vontade de dar aulas. Para além da perseverança, ela fortaleceu também as competências criatividade, empatia, foco, perdão — este cuja falta prendia ainda mais seus movimentos — e gratidão.

Vale lembrar que cada ser humano é único; portanto, assim como Tadeu e Maitê, cada um vai responder de forma específica a determinada situação. Independentemente de sua condição, procure você também adiar algumas recompensas. Você verá que é como um exercício físico ou intelectual, em que iniciamos uma meta com atividades mais simples e leves, com tempo mais reduzido, e depois vamos aumentando a complexidade e as repetições. Treinar a perseverança para adquirir novos hábitos e treinar adiar recompensas é igualzinho! Por isso, sempre vale a pena se perceber, se organizar, raciocinar e perseverar para não se frustrar.

11

Foco

> *Mindfulness é a consciência que emerge quando prestamos atenção no momento presente, de propósito e sem julgamento.*
>
> Jon Kabat-Zinn

Ficar por dentro das últimas novidades de seus amigos no Instagram, assistir àquela série da Netflix sobre a qual todos estão comentando, seguir pessoas no X (antigo Twitter), responder e checar as mais de dez conversas de amigos, parentes e grupos no WhatsApp, enviar e receber inúmeros e-mails no trabalho... Estamos vivendo uma verdadeira epidemia de falta de foco — ou podemos dizer que somos uma geração de desfocados.

Brincadeiras à parte, está cada vez mais difícil focar em uma só atividade. E é mais fácil se frustrar quando temos mais coisas a fazer do que podemos dar conta ou quando estamos sempre em débito: com o trabalho, com a família, com os amigos e com nós mesmos. Se há algo que, definitivamente, frustra o homem contemporâneo é o fato de estarmos imersos em um turbilhão de apelos e inputs, e de haver tanto a fazer. E tudo isso é ainda acompanhado da sensação de que o tempo está cada vez mais curto!

Será mesmo que o tempo encurtou? Ou será que não estamos sabendo respirar ao ritmo das habituais 24 horas diárias? Ou queremos focar e prestar atenção em várias coisas ao mesmo tempo? O limite do tempo e a dificuldade em manter o foco são muitas vezes agentes da frustração.

O cérebro precisa de foco

O vocábulo "foco" vem do latim *focu*, *lume*, e, dentre várias traduções, é o ponto para onde converge, centro, rede,[1] entendendo-se que focar é mais que iluminar as prioridades da nossa vida.

O foco é um fenômeno que ocorre em nosso cérebro que nos permite levar em conta os estímulos que acontecem à nossa volta, mas nos concentrar em apenas um deles.[2] Como assim? Exemplo: enquanto estou lendo este capítulo, não presto a mesma atenção nos barulhos que vêm da rua, senão não faço bem uma coisa nem outra.

Infelizmente, o nosso cérebro tem uma capacidade de foco limitada, ou seja, a nossa mente se distrai do nosso objetivo mesmo não querendo. E não são só estímulos sensoriais externos, como o barulho da TV ou o som da notificação de que chegou mensagem no WhatsApp. que tiram nossa atenção; nossos "ruídos internos", como os pensamentos, também.[3]

No entanto, a boa notícia é que o nosso foco é como um músculo e pode ser trabalhado. Segundo Daniel Goleman, o foco, quando não utilizado, perde sua força. Por isso, é fundamental exercitar diariamente a nossa capacidade de concentração total no que estamos fazendo.[4] E você verá adiante que podemos fazer isso por meio de atividades simples.

De acordo com a neurociência, não há uma parte única e exclusiva do cérebro que se encarrega do processo do foco, e sim o trabalho em conjunto de redes neurais. Áreas do lobo frontal do nosso cérebro são responsáveis pelos elementos volitivos do foco, ou seja, quando deliberadamente resolvemos nos concentrar especificamente em algo.[5,6,7,8]

É a parte anterior da nossa máquina de aprender que sustenta a nossa atenção ao que queremos fazer no momento (o córtex pré-frontal elege em que prestar atenção), e conexões dessa área com o sistema límbico inibem, por exemplo, o medo ou a raiva oriundos da amígdala (sistema límbico).[9,10,11,12,13] É o que acontece quando decidimos realmente escutar o que alguém está falando, mesmo que pareça chato, tipo aquele professor cuja matéria detestamos, mas cujo conteúdo precisamos aprender.

Já áreas do lobo parietal cuidam de aspectos do nosso foco que não dependem da nossa vontade, ou seja, são inconscientes.[14] Por exemplo, quando estamos lendo um texto e, sem perceber, a nossa mente divaga, indo até um fato que aconteceu na semana anterior e nos chateou.

A idade do foco

É importante saber que o processo de foco está ligado à maturação do cérebro; isto é, à medida que nosso cérebro se desenvolve, desde o nascimento, nosso foco fica mais refinado.[15,16,17]

O cérebro leva pelo menos 25 anos para se desenvolver totalmente. Isso mesmo! Nosso cérebro só fica pronto depois que somos adultos![18] E o aprimoramento do foco requer tempo. Não nascemos com "lente teleobjetiva", ou seja, com superfoco.[19]

Dessa maneira, não se frustre se seu filho de 3 anos se distrai facilmente ou ainda não consegue prestar atenção em uma atividade ou brincadeira durante muito tempo. É bom saber que fatores externos permitem a estimulação e o melhor desenvolvimento do foco; por isso é fundamental já ir treinando essa competência nos pequenos e continuar o treino em nós, mesmo depois de adultos.

É importante salientar que o foco mais automático é um fenômeno mais involuntário do que voluntário. No entanto, após o treino, "pular de um lugar para outro" de forma totalmente dispersiva será uma escolha. Podemos treinar para aprimorar o foco e, como se verá mais adiante, chegar ao treino da atenção plena.

Frustração é quando não estamos plenos

Vale a pena aprender algumas técnicas para não se frustrar após assistir àquela apresentação de seu chefe em que você não conseguiu prestar a menor atenção ou à explicação da escola do seu filho sobre o novo método de aprendizagem.

Focar o agora, olhar com cuidado, evitar a distração. A prática de mindfulness é mais do que isso; por meio dessa técnica é possível desenvolver e manter o comprometimento com o momento presente, de modo pleno e inteiro, sem se desviar por avaliações emocionais, julgamentos ou reações.[20,21,22,23]

"Mindfulness" é um termo em inglês que, traduzido para o português, significa atenção plena.[24,25] De maneira simples, é uma prática que nos permite vivenciar nossas experiências, prestando atenção a elas sem julgar, avaliar ou reagir automaticamente, independentemente de serem agradáveis ou não. É comprovado cientificamente que a prática da atenção plena tem um forte impacto nas nossas funções cognitivas e emocionais e que modifica também nosso cérebro em nível estrutural e molecular.[26,27]

Como assim? Sim, como já disse, a prática da atenção plena, além de nos ajudar a ficar mais inteiros, expande nossa consciência e nos leva a evitar que pensamentos emotivos invadam nossa mente de maneira perturbadora. Outra vantagem é que também aumenta a atividade de áreas cerebrais que auxiliam no foco.[28,29]

Que fique claro que a atenção plena não consiste em mudar as coisas ou as situações, mas sim a nossa percepção e, dessa maneira, fazer surgir novas oportunidades para observar nossos pensamentos e ações. É um jeito de ver o mundo e as coisas que existem nele. O presente e a presença são o foco absoluto.[30,31,32,33]

Temos a tendência de deixar nossas emoções, sentimentos e pensamentos atuarem de forma automática e assim, de modo inconsciente, tomamos decisões que muitas vezes podem nos gerar conflitos ou frustrações. Com o hábito da meditação, nos tornamos mais reflexivos, mais conscientes de nossas decisões e, consequentemente, mais focados, assertivos, com maior autocontrole e autoconhecimento.[34,35,36,37]

Estudos mostram que meditadores de longa data têm um aumento em áreas cerebrais ligadas aos sentidos, como audição, visão e gustação, e em áreas relacionadas à percepção do nosso corpo e do corpo do próximo. Isso acontece na tal da ínsula, aquela "ilha no cérebro", sobre a qual já falamos anteriormente.[38]

E o que isso quer dizer? Que nossa vida passa a ter mais cor e mais gosto, e o próximo fica realmente mais próximo, porque nossa empatia também aumenta! Assim fica mais fácil ouvir o que o outro diz, perceber se ele não está bem ou quais são suas intenções.

A meditação também aumenta áreas cerebrais da parte frontal relacionadas à memória de trabalho (aquela memória de curta duração que nos ajuda na compreensão de um texto, por exemplo) e à tomada de decisão.[39,40] Imagine os benefícios para o nosso dia a dia!

Por outro lado, a região da amígdala (a vedete das emoções, que atua nos aspectos de ansiedade, medo e estresse), em geral, diminui em praticantes regulares de atenção plena.[41]

Foco para reduzir a frustração diante dos problemas do século XXI

Na última década, temos acompanhado cada vez mais pessoas adoecerem da mente. Se antes a preocupação era apenas com as doenças do corpo ligadas a vírus e bactérias, tais como aids, rubéola e sarampo, atualmente nos preocupamos também com estresse, fobias e ansiedade. O mundo gira mais rápido, perdemos o foco como quem dá piruetas sem fixar o olhar em um ponto fixo e, quando percebemos, estamos tontos e frustrados. Então, uma importante lição é buscar práticas que venham equilibrar mais esses sequestradores da nossa atenção.

Conheci algumas técnicas, tais como a MBSR (sigla em inglês para *Mindfulness-Based Stress Reduction,* que pode ser traduzido como Redução de Estresse com Base em Mindfulness)[42] e a meditação transcendental, eficazes na prevenção de diversos males da contemporaneidade.

A técnica MBSR pode ser empregada também com excelentes resultados para amenizar dores crônicas, uma vez que diminui o estresse psicológico; para controlar problemas psicológicos significativos, como o *burnout* (estresse extremo no ambiente de trabalho), em profissionais da saúde e professores; para diminuir o sentimento de isolamento e solidão tão comum em idosos.[43,44]

Quando discorro sobre essas técnicas meditativas, não estou incentivando você a se tornar um monge tibetano ou a se isolar no seu tapete de ioga enquanto a vida acontece do lado de fora. Apenas sugiro que fique mais atento à sua consciência, pois, ao equilibrar suas expectativas, isso evita a frustração.

Quanto mais presença exercitamos no que fazemos ou pensamos, menor é a chance de nos arrependermos ou de não compreendermos a apresentação chata ou a explicação da diretora da escola do nosso filho. Quando estamos plenos, em total alerta-tranquilo, estamos sempre satisfeitos, pode apostar.

Muito além do exercício do foco

Luiza Hiromi, conselheira da NeuroConecte, empresa que gerencia programas de educação socioemocional e de saúde mental em escolas e empresas, é uma profissional e instrutora de mindfulness por excelência. Fiz e faço minha formação com ela, que me ajuda a compreender que a atenção plena é uma técnica que precisa ser continuamente praticada. Não é fazer um workshop e se intitular instrutor, muito menos fazer um único curso por *e-learning*: a prática da atenção plena é algo vivencial, de dedicação contínua e de grande responsabilidade para consigo e com o outro. Ela se internaliza com o compromisso da prática e com a responsabilidade de que cuidar do nosso bem-estar e promover o bem-estar alheio é um objetivo para além do foco.[45,46]

Ioga, meditação ativa, meditação transcendental e outras técnicas que trabalham a respiração ou a atenção são eficientes, e cada uma vai ser adequada ou mais fácil para determinada pessoa. Lembre-se: cada ser é único, e cada momento também é.

A técnica do mindfulness me ajudou muito (e continua ajudando) tanto em momentos de dificuldades quanto de bem-estar. Eu, que era tão acelerada e queria sempre fazer mais do que podia e do que cabe em um dia, fui obrigada a desacelerar, vivendo cada novo dia, aceitando como uma incrível descoberta cada nova atividade que me era apresentada.

Antes de iniciar minha história com a atenção plena, eu procurava exercitar o foco por meio de pintura, fotografia, aromaterapia, passeios ao parque, ioga, meditação. Essas também são estratégias eficazes para nos concentrarmos. Tudo o que nos ajude a nos centrar, a nos entregar ao que estamos fazendo no momento, nos auxilia a melhorar nosso foco.

E o que mais nos impede de manter o foco hoje em dia são a ansiedade, o estresse e o medo de não conseguirmos atender às nossas demandas e de acabarmos deslocando o presente para o futuro, engordando expectativas. E essa dieta você já conhece: vai levar à frustração.

Com a prática da atenção plena, ampliei a consciência sobre minhas possibilidades e limites. Esse é um jeito de calibrar frustrações. Ao ficar ancorada na minha respiração, me sinto mais inteira, mais plena para tomar minhas decisões, e consigo, assim, redimensionar minhas expectativas. Dessa forma, acabo tomando decisões mais assertivas, fazendo com que algumas possíveis frustrações hard se minimizem — quiçá as frustraçõezinhas soft se transformem até em pedrinhas de bicarbonato, aquelas que acabam se dissolvendo...

Um campeão nas pistas e na mente

Os mais novos não puderam vibrar com a Fórmula 1 quando valia a pena acordar cedo no domingo para acompanhar Ayrton Senna correndo pelos principais circuitos mundiais. Piloto altamente focado, Senna é admirado como exemplo de garra e determinação até hoje, trinta anos após sua morte.

O depoimento de seu amigo e companheiro na equipe McLaren, Gerhard Berger, sintetiza o quanto ficava concentrado desde o momento em que se posicionava no grid de largada até finalizar a corrida: "Eu acho que ele tinha uma concentração maior — ele conseguia se concentrar melhor do que qualquer piloto. Quando entrava no carro de corrida, imergia tão profundamente que era como se não houvesse outras coisas ao redor…".[47]

O poder de foco de Ayrton Senna provavelmente o ajudou além das pistas: fez com que superasse inúmeras dificuldades pelas escuderias em que correu, ao transformar seu sentimento de frustração — incluindo a clássica rivalidade com seu colega Alain Prost, quando ele não era o piloto número 1 da McLaren, em que ambos corriam — em força para seguir em frente.[48]

Esportes, em geral, seja tênis, pingue-pongue, esgrima, natação, bem como a meditação, podem nos levar a um nível de concentração elevado. Dois outros bons exemplos são o tenista Roger Federer[49] e o golfista Tiger Woods.[50]

Segundo a Associação dos Profissionais de Tênis (ATP, na sigla em inglês), o suíço Federer, que se aposentou em 2022, foi o tenista que se manteve como número 1 do mundo por mais semanas consecutivas: 237 semanas em primeiro lugar, de fevereiro de 2004 a agosto de 2008. Em 2018, aos 36 anos, foi o mais velho a estar no topo do ranking.

O americano Tiger Woods é considerado um dos maiores jogadores de golfe de todos os tempos. Começou a se destacar nos anos

1990 e, apesar de ter passado por várias cirurgias, problemas pessoais no casamento e um grave acidente de carro, tinha anunciado que voltaria a competir no início de 2023, aos 47 anos.

Existe um conceito em psicologia conhecido por *flow* (em português significa fluxo), que é o estado mental em que a pessoa fica tão envolvida com o que está fazendo que é como se nada mais existisse no mundo — e isso gera felicidade! Não é maravilhoso quando entramos no *flow*?

O foco para mudar o aprendizado

Imagine a frustração de uma criança por repetir a primeira série escolar aos 7 anos, repetir novamente e depois quase repetir de novo. Imagine o impacto desse "fracasso" em tão tenra idade, fazendo essa criança se sentir incapaz e levando-a a mudar tantas vezes de escola. É o tipo de frustração que persiste até a fase adulta.

Pois foi o que aconteceu com a minha paciente Gabriella: a vulnerabilidade às chacotas e ao bullying por parte dos colegas, além da frustração que sentia por não conseguir a mesma performance dos outros alunos, a fez desenvolver insegurança, baixa autoestima e uma raiva encoberta de frustrações sem fim.

Por um tempo achavam que ela não tinha interesse em mudar, depois se supôs que tivesse TDAH (transtorno do déficit de atenção e hiperatividade), e Gabriella chegou a ser medicada. O diagnóstico, descoberto apenas mais tarde, quando a conheci, foi dislexia.

Na Mandala da Plasticidade Emocional, Gabriella identificou que seria importante treinar autocuidado, coragem e foco. Entendendo suas necessidades a partir de suas prioridades, escolheu dedicar-se ao foco. Começou com os exercícios (que você encontrará na plataforma digital), depois passou a ter aulas de pilates e ioga. Escolheu também algo que gostava de fazer: trabalhos manuais que exigem muita atenção e cuidado, como o patchwork. Além de ganhar em foco, ela ganhou em autoestima, pois os trabalhos ficaram lindos!

Sua ansiedade era grande no início, o que atrapalhava exercitar o foco por meio da meditação. Então, construiu um planejamento mais flexível para alcançar essa meta. Fez acordos consigo mesma. Cada vez que era gentil com o outro, deveria ser gentil consigo mesma.

O caminho de Gabriella foi longo, mas hoje ela finalmente pode dizer: "Estou bem diferente. Essa questão toda da timidez, da insegurança, melhorou muito. Eu era bem frustrada por não conseguir ler como os outros e entender o que lia, e treinar o foco foi fundamental".

Assim como a Gabriella, você também pode treinar seu foco. Com a velocidade acelerada das informações que recebemos, ainda mais nesta atual década, todos precisamos cuidar desse bem tão escasso, mesmo aqueles que já são fera nessa competência. Se essa não é a sua competência mais desenvolvida, o seu cérebro poderá estranhar de início, então é necessário persistir.

Você verá que o foco é um antídoto precioso para uma vida com mais qualidade. Nada nos frustra mais do que não sermos bem-sucedidos naquilo que almejamos. Mas vamos combinar que, se não nos dedicarmos ao que queremos, ao que faz diferença para nós, não chegaremos lá. Acabaremos caindo em um ciclo vicioso de frustração, não é mesmo?

Bora lá focar pra não se frustrar!

12

Coragem

Coragem

*Coragem é a resistência ao medo, ao domínio do medo,
e não a ausência do medo.*

Mark Twain

"Devia ter amado mais,
Ter chorado mais,
Ter visto o sol nascer..."

Para mim, essa estrofe da música "Epitáfio", dos Titãs, poderia ser o hino da frustração. Tantas coisas que eu queria fazer e, por falta de iniciativa ou coragem, não fiz... Tantas coisas que eu não sabia que queria fazer e também não fiz...

Quantas vezes nos frustramos por falta de coragem? Quantas vezes deixamos de abraçar uma oportunidade por faltar bravura para encarar a responsabilidade? Quantas vezes deixamos de seguir nosso coração e depois ficamos amargurados por termos perdido um amor ou uma oportunidade de ouro?

A palavra "coragem" vem do francês *courage* e deriva de *coeur*, que significa coração. Designa a qualidade espiritual de quem tem ânimo firme para enfrentar perigos e dificuldades, praticar esportes que põem em risco até a própria vida, dizer e escrever o que pensa, ainda que esses atos tenham consequências adversas para quem os pratica.[1]

Curiosamente, existem dois sentidos para a palavra "corajoso", sendo um deles destemido, cujo antônimo poderia ser covarde; e o outro, determinado, cujo antônimo é indeciso.[2]

Todos nós precisamos de uma boa dose de coragem para, por exemplo, sermos determinados e voltar a estudar, para sermos valentes e seguir vivendo depois de uma perda, para sermos ousados e dançar no palco daquele megashow sertanejo, ou ainda para nos posicionarmos e dizer o que não toleramos.

A pessoa com coragem não se esconde; ela enfrenta desafios e medos com a ajuda de sua força interior.

A coragem que está no seu cérebro

Coragem tem muito a ver com a forma como lidamos com nossos medos (emoções geradas a partir de memórias negativas). Diante de uma sensação de medo súbito, a região da amígdala cerebral e do hipocampo é ativada, lembra? Em pessoas exageradamente tímidas ou que apresentam distúrbios pós-traumáticos, essa região é bem mais ativa.[3] São pessoas literal ou "cerebralmente" mais responsivas, em alerta contínuo.

Tal região é muito sensível a certos hormônios, principalmente aos do estresse.[4] Essa é mais uma boa razão para controlarmos o nosso medo; afinal, se nos deixarmos aterrorizar pelo medo em momentos de estresse, seja este agudo ou crônico, será muito difícil tomarmos a decisão de sermos corajosos e ir à luta. Na verdade, teremos uma tremenda taquicardia!

No livro *Terra dos homens*, Antoine de Saint-Exupéry diz:

> As tempestades, o nevoeiro, a neve são coisas que por vezes te atrapalharão. Nessa altura, pensa em todos os que as conheceram antes de ti, e diz simplesmente: o que os outros conseguiram também hei de conseguir.[5]

Nos dias atuais, a coragem tem mais a ver com um poder de enfrentamento não físico, e muitas vezes a falta dela se dá por uma barreira que temos em nossa mente, assim como menciona Saint-Exupéry.

Por muitos anos se pensou que a coragem estivesse diretamente ligada aos níveis de testosterona, o hormônio responsável pela força muscular. Se formos pensar em termos de um embate físico, é claro que muito provavelmente alguém mais forte fisicamente leva vantagem. No entanto, Mahatma Gandhi costumava dizer:

> A coragem nunca foi questão de músculos. Ela é uma questão de coração. O músculo mais duro treme diante de um medo imaginário. Foi o coração que pôs o músculo a tremer.[6]

Claro que Gandhi foi um homem extremamente sábio e corajoso, mas hoje se sabe que o medo e a coragem residem em nosso cérebro, apesar de afetarem o nosso coração.

E como podemos aprender a ser mais corajosos para enfrentar nossos desafios com menor risco de sofrer ou de nos frustrar? Pesquisas recentes mostram que a "manipulação" de certas áreas cerebrais torna indivíduos mais corajosos.

Como assim? Por meio do nosso esforço consciente, certas áreas cerebrais podem nos ajudar a ser mais destemidos e corajosos. Um estudo mostrou que uma região do nosso córtex pré-frontal (já conhecida por ficar ativa durante interações sociais envolvendo decisões sobre como ser assertivo ou submisso com os outros) pode, sim, mudar sua atividade de acordo com nossas atitudes.[7]

Segundo esse estudo, quando ativada, essa região cerebral aumenta a perseverança, a motivação e a coragem. Curiosamente, a experiência de ficar mais corajoso parece deixar um aprendizado para o funcionamento do cérebro, uma espécie de memória, tornando-o mais assertivo da próxima vez que precisar de coragem.

Os cientistas descreveram isso como o "efeito vencedor". Esse achado pode ter aplicações diretas em pessoas que exibem falta de motivação e coragem. O "efeito vencedor" também sugere que a experiência da coragem em uma área da vida pode ajudar a construir confiança em outra.[8]

Há, ainda, pesquisas que demonstram que podemos manipular nosso cérebro por meio de atitudes. Quando pessoas resolveram ser corajosas diante de uma situação que normalmente dá medo, como se aproximar de uma cobra, imagens do cérebro revelaram que a atividade do córtex cingulado anterior aumentou no momento em que o indivíduo escolheu agir com coragem e não sucumbir ao medo. Além disso, a atividade da amígdala, que normalmente fica bem ativada pelo medo e pela timidez, diminuiu quando, embora o nível de medo tenha aumentado, ainda assim o indivíduo escolheu superar seu temor.[9]

A conclusão a que chego é que o melhor treino para ser corajoso é enfrentar o monstro que o aflige, ou melhor, a frustração que o paralisa.

Coragem!

Você tem medo do quê?

Ainda que, pela definição, corajoso seja o oposto de medroso, posso lhe garantir que medo todo mundo sente — até as pessoas mais corajosas do mundo. O medo é uma emoção primária; afinal, nossa sobrevivência muitas vezes depende de sentir medo, o que nos leva, entre outras coisas, a ser prudentes em situações que podem apresentar perigo.[10]

Mas é claro que existem medos que deveriam ser do tamanho de um grão de ervilha e tomam a proporção de uma imensa bola de neve. Veja que curioso: o medo de falar em público pode não ser o maior medo das pessoas, mas é o mais relatado.[11]

Sim, é necessária uma certa dose de coragem para se expor, mas também é preciso ter muito preparo e perseverança. A maioria dos grandes oradores, apesar de experiente, relata que sente aquele frio na barriga quando tem que subir ao palco para falar a uma plateia gigantesca. E quem não sentiria?

Como faço muitas palestras, costumam me perguntar se meu coração já não acelera tanto quando me apresento para o público. A verdade é que toda palestra é um novo momento, mas é claro que, por treinar bastante, acabo ficando com um bom repertório de resolução de problemas e mais segurança no que falo e como falo. É o meu treino da coragem, possível por meio de experiências frequentes e de um domínio cada vez maior do assunto que vou abordar.

Mas há um limite para isso. É impossível ser corajoso se você deixar que o medo o engula ou, pior, se permitir que a frustração tome conta do medo. Aí você tá lascado!

A coragem que vem do coração e do corpo que luta...

"Não importa de onde você vem, mas pra onde você vai" era a frase que o empreendedor Edu Lyra mais ouvia de sua mãe quando criança. Nascido em uma favela de Guarulhos, em São Paulo, Lyra quase morreu de inanição na primeira infância. O pai estava preso e a mãe trabalhava como faxineira. Quando nasceu, seu berço era uma banheira de plástico azul, e o chão de sua casa, de terra batida.

Sabe quando dizem que sempre temos o poder da escolha, mesmo quando tudo está difícil e parece não haver saída? Com um início de vida como o de Edu, ele poderia ter ficado atolado na frustração e na amargura. Esse seria um caminho aparentemente mais fácil, óbvio e resignado. Mas Edu teve coragem para lutar e, com muito estudo, mudar sua realidade. A chama de seu sonho era o combustível para a motivação, que, por sua vez, era a força propulsora para realizar, acertar e errar, e continuar a sonhar. Isso era o que movia Edu e o que move muita gente que dá a volta por cima, que trabalha sua Plasticidade Emocional. A própria mãe de Edu é outro exemplo de coragem, por ter conseguido criar os filhos em meio às adversidades.

Hoje, Edu tem a ONG Gerando Falcões, faz parte do Global Shapers — rede mundial de jovens que, apoiada pelo Fórum Econômico Mundial, visa causar impacto positivo no mundo por meio de ideias, troca de experiências e networking —, apareceu na revista *Forbes Brasil* e foi considerado Empreendedor do Ano pelo Lide (Grupo de Líderes Empresariais) em 2017, entre outros feitos e conquistas. Sua vida está narrada no livro *Da favela para o mundo*.[12]

Mas, entenda bem, quando compartilho histórias ou referências, não pretendo que você se compare a elas, mas que elas sejam motivacionais, que ajudem você a chegar aonde pretende ir. Você tem a sua história, a sua conquista e o seu caminho. Você é sua própria pedra preciosa.

O medo paralisa, a coragem movimenta

Coragem não é o oposto do medo. Coragem *faz parte* do medo. Assim como o medo e a coragem fazem parte do exercício de tolerância às frustrações.

O que move você? Qual o seu propósito? Lembre-se: a motivação lhe pertence, é sua, por isso não deixe nada nem ninguém — nem você mesmo — atrapalhá-la. Para alçar voo é preciso coragem, mas, para dar o primeiro passo rumo ao voo, é preciso saber onde está seu coração.

E qual é o seu medo? Conhecer suas dificuldades pode fortalecer você. Se conhecer, identificar suas fragilidades e forças é fundamental. Identificar medos nos humaniza e fornece indicações de para onde voar, para onde ir. Depois que você aceitar e enfrentar seus medos internos, o que está fora — seja medo do divórcio, de seu filho entrar nas drogas, de ter uma velhice solitária — será mais fácil.

Você precisa começar a enfrentar seus medos hoje. E torço para que comece agora, enquanto lê este livro.

Às vezes você só precisa exercitar a coragem para enfrentar as reclamações de seu companheiro ou para se separar. Às vezes pode ser a coragem para terminar os estudos ou para mudar de cidade e tentar uma vida de mais qualidade no interior.

Quando se tem coragem, não se fica parado diante de uma situação com potencial frustrante. Você encontra forças para encarar as dificuldades, independentemente de quais forem. O que importa é que a coragem para enfrentar uma frustração pode ser treinada. Primeiro, deve-se eliminar tudo aquilo que não faz sentido, que atrapalha. Depois, é hora de trazer as ideias e os medos para o plano concreto, avaliando o que pode dar certo ou errado. Do que você tem medo? De fracassar ou de se frustrar ao mudar de cidade? De se desentender com seu companheiro? De exigir demais — ou de menos — de seus filhos e eles se rebelarem? Não se amedronte: observe, procure informações competentes, pondere, aja. Não tenha medo de errar, mas sim de não fazer o que acredita, intui ou sabe.

Antes de se frustrar, você pode estudar opções e possibilidades. Sabe aquela ideia de analisar prós e contras, custos e benefícios? Pondere os riscos. *Take your time*, leve o tempo que precisar. Pense com o coração, sinta com o pensamento.

Hora de se exercitar: faça três listas — uma com os seus objetivos; outra com o que você tem segurança de que dará certo; e, por fim, uma com as suas inseguranças, com o que tem medo de que dê errado e de que venha a lhe causar uma frustração. Deixe em um lugar à mão, de modo que todo dia você reflita sobre isso.

Treinando a coragem para "surfar" em traumas

Algumas pessoas buscam um treino intenso de sua coragem, como Maya Gabeira, surfista brasileira que quase morreu afogada nas ondas de Portugal. Uma das raras mulheres em um esporte de alto risco, além de predominantemente masculino, ela mesma diz inspirar as mulheres no quesito coragem e superação de desafios.

"Em todo ramo profissional, as mulheres podem inspirar as outras de alguma forma e, no meu caso, são pelos desafios do surfe de ondas grandes", declarou em entrevista ao site da Red Bull, no Dia Internacional da Mulher, em 2016.[13]

A matéria se referiu a Maya como "mulher coragem", homenagem mais do que justa, pois, após a experiência traumática em que caiu e foi engolida pelo mar quando pegava uma onda de vinte metros de altura, do tamanho de um prédio de seis andares, chegando a perder os sentidos, decidiu encarar novamente o medo, o frio na barriga, o trauma da quase morte, no mesmo local, após aproximadamente um ano.

Talvez a sua superação não seja do tamanho da onda que Maya escolheu surfar novamente para superar a frustração de não ter conseguido terminar a enorme meta "salgada" da primeira vez. Talvez você só precise de uma "pequena onda" ou ainda de uma desconfiança sutil para exercer sua coragem.

Lembre-se: a coragem é necessária por segundos; o prazer da atitude tomada em um momento de coragem pode ser bem mais duradouro.

13

Resiliência

*Aprendi com as primaveras a deixar-me
cortar e a voltar sempre inteira.*

Cecília Meireles

Por que algumas pessoas entregam os pontos diante das menores dificuldades e ficam se lamuriando por suas frustrações, enquanto outras, em face das maiores adversidades ou limitações físicas, dão um show de bom humor, brilhantismo, força de vontade, superação e demonstração de amor à vida?

Podemos dizer que estas últimas são pessoas resilientes. Mas, afinal, o que significa ser resiliente?

O termo "resiliência" foi emprestado da física e representa a capacidade de alguns materiais, ao serem submetidos a estresse, de acumular energia sem que ocorra uma ruptura. Já na neuropsicologia, resiliência é a capacidade de enfrentar uma situação adversa e sair fortalecido dela.[1] Então, adoecer de maneira severa e se recuperar; passar por uma mudança de cidade, de emprego, mas se adaptar, reconhecendo e transformando as experiências em ganhos, podem ser exemplos de resiliência.

Percebo que, muitas vezes, existe certa confusão com o termo "resignação", que é simplesmente aceitar uma situação não favorável sem fazer críticas nem tentar mudá-la, ou adaptar-se a essa situação sem se autotransformar. Da mesma forma, "resiliência" se diferencia de "resistência", que é quando persistimos na ação ou no pensamento sem buscar nos ajustar. Não vamos, então, confundir "resignação" ou "resistência" com "resiliência".

Cérebro resiliente é mais potente?

A importância da resiliência é tão grande que existe até uma área da neurociência para estudar os mecanismos dessa competência e a maneira como diferentes pessoas lidam com situações de estresse. Chama-se neurobiologia da resiliência e explica, do ponto de vista neurobiológico, quais mecanismos atuam no nosso cérebro e nos fazem mais ou menos resilientes.

Seu cérebro é o órgão responsável pelo modo como você lida com o que te acontece. Ele processa as informações que são percebidas como possíveis ameaças e começa, em teoria, a elaborar respostas apropriadas àquela situação. O sistema nervoso também regula respostas fisiológicas, psicológicas e comportamentais que são adaptativas ou reativas às possíveis ameaças.[2]

Vários estudos corroboram que essa competência está vinculada a uma série de estruturas cerebrais, como córtex pré-frontal, amígdala, hipocampo (estrutura fundamental para a formação de nossas memórias), entre outras.[3] Isso confirma o quanto as funções do nosso corpo são interconectadas e, ao mesmo tempo, muito particulares de cada ser humano.

Pesquisas mostram que, em pessoas mais resilientes, a parte mais frontal do hemisfério esquerdo do cérebro (córtex pré-frontal) inibe a atividade da "campainha emocional" (as amígdalas cerebrais, lembra?), favorecendo assim o desenvolvimento da resiliência.[4]

Em outras palavras, a capacidade de ser resiliente está tanto no centro da nossa cabeça quanto na parte mais dianteira ou frontal, e pode ser fortalecida ou dificultada pelos neurotransmissores e pela atividade dos hormônios.[5]

Atualmente, um tópico que vem sendo muito estudado é a resiliência ao estresse. Olha que interessante: quem é mais resiliente a fatores estressantes adoece menos, inclusive mentalmente! Ao que tudo indica, o hormônio desidroepiandrosterona (DHEA), produzido no nosso corpo, ajuda a regular o efeito danoso do cortisol — um dos hormônios liberados em situações de estresse — no cérebro. As pessoas que apresentam déficit na produção do DHEA podem ter a sua capacidade de resiliência alterada.[6]

Por isso, aprender a lidar com o estresse, assim como com a frustração, nos torna mais resilientes, e vice-versa.

Resiliência: antídoto da frustração?

O que seria de mim se não fosse possível treinar a competência da resiliência... É praticamente certo que eu teria desistido, diante de tudo que já enfrentei. Creio que ficaria literalmente paralisada, atolada no sentimento de frustração.

Por conta de eu ter sobrevivido ao AVC, superado o baque inicial e encontrado caminhos e forças para me fortalecer e curar, muitas pessoas me falam: "Nossa, Adriana, como você é resiliente! Todos os desafios parecem mais fáceis pra você!".

Acontece que essa competência, assim como as demais, não é algo que você conquista e pronto. Tampouco existe um fator G (geral) ou um fator genérico que serve da mesma forma para enfrentar todos os desafios e dificuldades. Para você ter uma ideia da importância do treino da resiliência, dez anos depois do AVC, contraí, em plenas férias, um vírus que afetou minha motricidade, ou melhor, a ligação dos músculos com os nervos, causando uma encefalite que levou à síndrome de Guillain-Barré.[7] Por conta da doença, fiquei absoluta e literalmente sem forças, não conseguia segurar um copo de água ou sustentar a minha própria cabeça! Acamada por um mês, minha voz mal saía e eu tinha dificuldade até para respirar — pois essa função também depende da relação entre músculos, nervos e outros.

Fiquei com muito medo, frustrei-me tipo "pedra gigante", pois quem imaginaria viver outra doença tão impactante? Fiquei desiludida, até decepcionada com a vida, afinal, outra doença grave..., poxa, devo ter aprontado muito na outra vida, não é mesmo? Brincadeiras à parte, fato é que não me deixei petrificar pela frustração. Em vez de ceder a ela e reclamar por não poder realizar minhas atividades como estava acostumada, escolhi exercitar, ainda mais, minha resiliência, perseverança e paciência para me fortalecer e seguir vivendo em prol da cura.

E aproveitei para exercitar minha Mandala da Plasticidade Emocional ao aliar os treinos das competências executivas (perseverança, paciência, foco e coragem) com os das competências restaurativas (perdão e resiliência) — estas últimas mais difíceis para mim.

Embora me sentindo bem apenas quando estava deitada, consegui dar uma palestra para a Secretaria da Educação do Estado de São Paulo por videoconferência fazendo intervalos a cada quinze minutos para me deitar e recuperar as forças. Dois anos depois, estou nova em folha — ou melhor, renovada em cérebro, corpo e emoções.

Essa nova experiência absolutamente imprevista me levou a comprovar a efetividade da Plasticidade Emocional. Espero que, diante de dificuldades, você também possa começar novas condutas, assumir novos pensamentos e atitudes para enfrentá-las, sejam elas pequenas ou gigantescas.

Educando para a resiliência

Como relatei na situação anterior, ter resiliência é também adaptar-se a situações que fogem do planejado. E muitas vezes, quando a vida não ocorre da maneira como esperávamos, ficamos frustrados. Errar também pode gerar frustração. Por isso, compreender o erro como uma experiência com potencial para autocrescimento é superpositivo.

Quando somos resilientes, conseguimos nos portar de maneira diferente perante uma frustração: enfrentamos situações difíceis sem desistir e procuramos sempre nos adaptar e buscar soluções para o problema que nos aflige; em vez de lutar contra, exercemos assomos flexíveis.

Professores e pais têm grande responsabilidade nesse processo. Ao serem exemplos para as crianças, possibilitam que elas aprendam que nem sempre temos tudo aquilo que queremos e que precisam se esforçar muito para alcançar o que buscam. Esses são treinos da resiliência e da perseverança, cruciais para a infância de seus filhos.[8,9]

Tive um paciente, Ricardo, que alegava não ter tido muita oportunidade de treinar a resiliência na infância. Ao ser demitido do emprego aos 40, trabalho em que estava havia quinze anos e onde imaginara que iria se aposentar, teve a chance de exercitar essa competência na vida adulta.

A demissão e a falta de perspectiva deixaram Ricardo frustrado, sem saber o que fazer. "Queria ter mais recursos financeiros, e agora nem mais emprego tenho! Não consigo nem pensar em como vai ficar minha vida. Que desespero!"

"E hoje, o que você pode fazer?", foi a pergunta que fiz a ele. Procurar âncoras no presente é muito importante. Focar no "aqui e agora" é uma maneira de melhorarmos nossa Plasticidade Emocional. Apegar-se ao hoje, ao que temos de concreto, é uma solução para diminuir a angústia, sempre projetada no futuro.

Depois de ideias, ajustes e tentativas de novas rotas, Ricardo começou a andar de bicicleta. Sua namorada aderiu à ideia, e logo os dois entraram para um grupo de ciclistas. Consertar a "magrela" quando quebrava a corrente ou entortava o aro; levantar-se quando derrapava e caía no chão pedregoso: cada trajeto se transformou em um novo aprendizado, um desafio a ser vencido, um treino para refazer rotas. O prazer da chegada, a conquista de não desistir e a constante mudança do caminho planejado fortaleceram sua resiliência. E, enquanto pedalava nos fins de semana, ele conheceu um ciclista que o apresentou a um novo ramo profissional.

Resiliência e bom humor

Agora, imagine-se treinando a resiliência sem trégua e, além de conseguir manter o bom humor, ainda deixar um legado para a humanidade. Estou me referindo a Stephen Hawking, esse gênio da ciência que, além de traduzir alguns dos mistérios do universo para o público leigo, ainda conseguiu ter uma vida produtiva, mesmo com suas limitações físicas.

Se o tivesse encontrado pessoalmente, teria perguntado: "Como você consegue lidar com tantos desafios sem poder falar, andar ou se alimentar sozinho?". Sem sombra de dúvida, Hawking foi, além de um físico pop, um exemplo inquestionável de resiliência. O próprio astrofísico atribuía sua notoriedade a essa condição. "As pessoas são fascinadas pelo contraste entre minhas capacidades físicas extremamente limitadas e a imensidade do universo de que trato",[10] explicava.

Hawking teve uma vida fabulosa, não somente antes de ser diagnosticado com esclerose lateral amiotrófica (ELA)[11] como ao longo dos anos em que conviveu com essa doença degenerativa. Esse novo cenário, que poderia ter trazido enormes dificuldades e frustrações, não o impediu de continuar suas pesquisas. O cientista aprendeu a se comunicar de outras formas e publicou alguns de seus mais importantes trabalhos quando a doença já estava em estágio avançado. Ele tinha tudo para desistir, mas foi resiliente e encontrou novas formas de continuar vivendo e realizando grandes feitos!

Somos capazes de desenvolver várias competências e, como muitas delas se utilizam de circuitos cerebrais semelhantes, podemos dizer que, sem dúvida, Hawking utilizou perseverança, resiliência e otimismo, dentre outras tantas competências, e não ficou atolado em suas prováveis frustrações.

Talvez você esteja fazendo a si mesmo a pergunta que já me fiz: "Pessoas que passam por grandes dificuldades, como Hawking, se tornam mais resilientes?". Eu entendo que, se elas escolhem crescer, melhorar, mudar e aprender, a resposta é sim!

Resiliência no esporte: exemplo para a vida

Se existe um campo de atividade humana em que a resiliência é determinante, é no esporte. Mas não pense você que é por acaso que os diferentes tipos de esporte têm esse privilégio de agregar tantas mentes resilientes. Os atletas que apresentam desempenhos brilhantes em suas modalidades são aqueles que sabem lidar com o estresse e a pressão das competições. Ou seja, treinam constantemente sua resiliência às frustrações, não se deixando abater pelas derrotas, e miram sempre alto e em novas metas.

Imagine um corredor que participa de competições mesmo lesionado. Pois foi assim que Usain Bolt se despediu das pistas. Na última prova de sua carreira, arrancou como último homem do revezamento 4x100 metros no Mundial de Atletismo em Londres, em 2017. Era o terceiro colocado na competição quando sentiu câimbras na coxa e mancou até desabar no chão, sendo superado pelos americanos Christian Coleman, medalha de prata, e Justin Gatlin, campeão. Diante dos boatos e da insatisfação do público, Bolt desabafou nas redes sociais, mas acabou deletando o post minutos após a publicação. O que não pode ser apagado é seu mérito e sua extensa história de vitórias. Em mundiais de atletismo, ele subiu ao pódio catorze vezes, ocupando o lugar mais alto em onze delas.[12]

Haja resiliência para superar adversidades e as inerentes frustrações! Conosco, que não somos atletas, não é diferente, pois, grande ou pequeno, o desafio de cada um é único.

Competências pacificadoras

14

Paciência

> *A paciência é a mais heroica das virtudes,*
> *justamente por não ter nenhuma aparência heroica.*
>
> GIACOMO LEOPARDI

Muitos de nós, até antes de nos sentirmos irritados, já tivemos o seguinte pensamento: "Oh, Deus, dai-me paciência!". Outros tantos brincam, completando: "Porque, se me der força, eu mato um!". Gracinhas à parte, em uma entrevista muito divulgada pela mídia, António Damásio disse: "Sem educação, os seres humanos vão matar-se uns aos outros".[1] Eu completaria dizendo que, sem educação e sem paciência, os seres humanos vão sempre se digladiar entre si. A paciência e a tolerância podem evitar muitos conflitos, frustrações e até mesmo guerras!

O interessante é lembrar que esse vocábulo, "paciência", já foi usado para expressar quem sofre, uma vez que traz em sua raiz o próprio sofrimento. Vem do latim *patiens*, que significa "o que padece".[2]

Há quem diga que a paciência é uma virtude. E há quem diga que é uma arte. Mas quem está certo, afinal? Todos, pois é uma competência muito difícil de ser exercitada, ainda mais nos dias frenéticos da atualidade.

A competência da paciência anda cada vez mais rara, porque todos queremos tudo no ritmo da nossa urgência. A dificuldade de gerir nosso tempo, o excesso de compromissos, a sobrecarga de problemas... tudo isso faz o tom de impaciência dominar. Quantos de nós não ficamos frustrados com a falta de tempo para o lazer ou para passear com os filhos?

A neurociência da paciência

"Quem tem mais paciência tem mais autocontrole; quem tem mais autocontrole tem mais paciência" é um dos "mantras" dos circuitos neurais que envolvem tal competência. Mas por que toda vez que nos frustramos, mesmo que seja por uma bobagem, nosso cérebro reage como se estivéssemos recebendo uma punição? Simplesmente porque, quando nos frustramos, os níveis de dopamina diminuem nas áreas cerebrais relacionadas à recompensa e ao prazer.[3]

Walter Mischel, célebre psicólogo criador do teste do marshmallow,[4] estudo feito nos anos 1960 para avaliar o autocontrole em crianças, entende que a paciência tem origem em uma região na parte da frente do nosso cérebro, próximo à órbita ocular (o córtex orbitofrontal), cuja área é responsável por inibir o nosso sistema de recompensa. Pode-se dizer que esse sistema é um tanto mimado, sensível e cheio de caprichos![5]

Interessante também é saber que os níveis de serotonina (um neurotransmissor que, curiosamente, é produzido em várias regiões do nosso corpo, inclusive no intestino) são responsáveis pela sensação de bem-estar quando executamos alguma tarefa que requer espera por uma recompensa.[6] A serotonina é conhecida por desempenhar um papel na fisiopatologia da depressão, mas recentemente também ganhou uma nova função: o controle da paciência por meio do gerenciamento da impulsividade.[7] Isso mesmo: para o cérebro, ser paciente é aprender a controlar o impulso de fazer algo que não deveria ou não gostaria. Estou exercitando minha paciência quando estou no comando do meu autocontrole!

Paz: uma sinapse entre o mosteiro e o laboratório

"O exercício diário de contemplação, ao sentar-se quieto e alerta, além de manter um estado do que é chamado de bondade e compaixão incondicional, pode levar a um controle considerável sobre a mente."[8] Foi dessa forma que Christof Koch, neurocientista norte-americano conhecido por seu trabalho com as bases neurais da consciência, resumiu a meditação após sua visita ao mosteiro Drepung, na Índia, a convite do Dalai Lama, em 2014.

Serenidade, percepção e sabedoria fazem parte desse exercício. O objetivo da visita de Koch era "trocar conhecimentos entre a milenar tradição oriental de investigação da mente — do ponto de vista interior, subjetivo — e os insights fornecidos por ideias ocidentais com base em descobertas empíricas recentes sobre o cérebro e seu comportamento".[9]

Ele faz um paralelo com a sociedade ocidental, na qual não se procura, na maioria dos casos, unir a prática à teoria, da mesma forma que também não se ensinam métodos para ajudar a acalmar a mente e a permitir concentração e deleite.

A paz que o exercício da paciência promove espanta a raiva e a irritação que sentimos quando, por exemplo, somos insultados ou menosprezados.

Lembro mais uma vez Sêneca, para quem manter a paciência diante dos problemas que fogem ao nosso controle e focar o que, de fato, depende de nós são fatores que nos levam ao sucesso. Para tanto, ele fazia um exercício: antes de dormir, listava suas frustrações, os insultos que havia escutado ao longo do dia e como havia se saído diante dessas situações.[10]

Sugiro a você listar não apenas os insultos, mas as situações que o levaram a precisar de mais calma. Liste também seus problemas, como você entende que podem ser solucionados e, dentre as soluções, identifique o que faz parte da sua alçada. Você vai perceber que um insulto que o magoou muito virará pó ao usar sua paciência para discriminar o que depende ou não de você para ser resolvido.

Em outras palavras: investir o seu tempo tentando controlar os próprios impulsos, e não ficar tentando controlar os outros, é o que você pode fazer de melhor, principalmente se seu objetivo for sentir-se menos frustrado. Ademais, não se esqueça de que a má gestão é um gatilho certeiro para a falta de paciência.

Quando começa a paciência...

Você sabia que muitas frustrações poderiam ser evitadas pelo cultivo da paciência desde a infância? É a época em que devemos aprender a esperar para receber um presente, pela hora de comer um doce ou ainda a vez de falar.

Percebo que ajudar os filhos nesse quesito tem sido um grande dilema para os pais hoje em dia, já que, muitas vezes, nem eles mesmos estão exercitando a própria paciência. Também porque se sentem perdidos em como colocar os famosos limites — como o "não", o "espere", o "vamos combinar" ou o "vamos ponderar".

"Mas como educar se ele não me obedece?", você pode estar perguntando.

Está aí mais uma oportunidade para você exercitar sua paciência, buscar apoio e determinar limites.

Todos os pais desejam contribuir para a educação de seus filhos, mas lembro aqui que ser um bom exemplo é imprescindível. Ser um exemplo de autocontrole, empenho e paciência é *megaimportante* — para usar uma expressão dos próprios jovens. Como pedir paciência para uma criança que espera sua vez para usar o Playstation ou o iPad, por exemplo, se você está a toda hora no celular, inclusive durante o jantar?

Ao longo da infância, devemos aprender que não podemos ter tudo o que queremos, na hora e do jeito que exigimos. Na fase adulta, entendemos que temos menos do que poderíamos querer, e é salutar que sejamos felizes com o que já temos.

A paciência é uma competência de extrema importância para lidar com a frustração. Aliás, ser tolerante à frustração está diretamente relacionado à paciência. Quanto mais paciência tivermos, quanto mais soubermos esperar por algo, mais tolerantes seremos às inerentes frustrações da vida.

Haja paciência!

Calma é uma qualidade que só os adultos e as pessoas de origem asiática têm?

A palavra "calma" sai principalmente da boca de pessoas mais experientes. A paciência é também cultivada em muitas religiões, artes e filosofias. Na visão do Dalai Lama, por exemplo, cultivar a paciência é mais do que um exercício: é um desafio. Assim, devemos enxergar as pessoas que nos criam problemas como grandes mestres, pois elas nos dão a chance de praticar a nossa paciência. "Por um lado, ter um 'inimigo' é muito ruim, perturba nossa paz mental e abala nosso lado bom. Mas, se vemos de outro ângulo, somente um 'inimigo' nos dá a oportunidade de exercer a paciência", afirma ele.[11]

Costumo substituir a palavra "inimigo" por "desafiante", aquele que nos testa. Está aí uma nova perspectiva: você começar a apreciar seus desafetos — tarefa difícil —, enxergando-os como desafios.

E por que dizemos que a paciência é uma arte? Ao contrário da cultura ocidental, que valoriza a rapidez e incentiva o imediatismo, as filosofias orientais, em geral, valorizam a paciência como uma força presente em nossa mente para controlar o corpo e lhe dizer que tudo se ajeitará a seu tempo. Essa visão nos livra de cargas emocionais desnecessárias e mantém o nosso estado de paz.

Sugiro que procure conhecer os jardins zen japoneses, que foram criados provavelmente no período Heian (784-1185 d.C.). Os *karesansui* são, de modo geral, "jardins de pedra", construídos de forma harmoniosa apenas com gravilhas, rochas e alguns elementos verdes, como pequenos arbustos. Eles não têm água e baseiam-se nos princípios japoneses de simplicidade, elegância e moderação. Aos olhos de um leigo, o jardim é algo simples, mas a ideia é instigar à meditação, ao silêncio e à contemplação. E a contemplação — ficar observando algo, sem emitir julgamentos — já é em si um exercício de paciência.[12]

E você, alguma vez já pensou "Ah, quem me dera ter a paciência de um buda ou de um contemplador de um jardim japonês"? Pois saiba que você não precisa ter nascido no Oriente para desenvolver a competência da paciência e, por consequência, autocontrole e calma.

A ansiedade é impaciente

A falta do exercício da paciência nos torna, além de menos tolerantes às frustrações, mais ansiosos. O estado de ansiedade pode até nos promover quando nos leva à ação, ao movimento, mas não em excesso, quando faz nossos sistemas endócrino e autônomo "pirarem", produzindo muito mais cortisol do que no estado natural e desregulando o funcionamento saudável da relação mente-corpo.

Operando no "modo impaciente", temos mais chances de nos frustrar e, em alguns casos, até mesmo de agir com agressividade ao não sermos correspondidos da forma como imaginamos. Além do mais, podemos acabar culpando os outros. Ansiosos e com pressa, dificilmente sentimos bem-estar ou estado de felicidade, concorda?

Falta de paciência, pressa e imediatismo não permitem que treinemos o autocontrole tão necessário para desenvolvermos estratégias de manejo das frustrações e, consequentemente, sermos mais fortes.

Resumindo, ser paciente significa saber gerenciar as próprias expectativas. Assim, engana-se quem confunde gente paciente com gente passiva. Assim como ser resiliente é diferente de ser resignado, lembra? Tal gerenciamento, por meio do controle de seus atos, palavras e pensamentos, pode evitar muita frustração.

Não seja impaciente! A paciência deve ser exercitada diariamente, sobretudo para compreender que as coisas não dependem exclusivamente de nós e que, muitas vezes, não acontecem no momento que desejamos!

Uma virtude profissional

Um paciente meu me fez enxergar que a paciência é um atributo fundamental no mundo profissional. Carlos sempre teve dificuldade em permanecer nos empregos e era muito irritadiço, ficava impaciente com facilidade, a ponto de ir acumulando frustrações profissionais. Repare que uma pessoa mais impaciente acaba fatalmente descarregando raiva e estresse nos outros. E impaciência, raiva e estresse são uma mistura como nitroglicerina, querosene e fogo: fazem explodir qualquer relação ou ambiente.

Certo dia, Carlos, perto dos 30 anos, me confessou: "Preciso trabalhar esse aspecto em minha vida. A minha falta de paciência, desde menino, já me gerou muitos problemas. Não consigo esperar o ritmo dos outros. Acabo me irritando".

Paciência, autocontrole e visão estratégica são vitais para o sucesso profissional. Afinal, não há lugar em que você seja mais avaliado, julgado — tanto pela chefia quanto pelos subordinados — em relação às suas habilidades de relacionamento interpessoal e equilíbrio, de um modo geral.

Para treinar a paciência, Carlos colocou em seu chaveiro uma bolinha de borracha que apertava sempre que se percebia irritado. Além disso, procurou atividades em que era necessário passar por vários passos até o produto ficar pronto; nessa busca, encontrou a marcenaria. É claro que ele ainda tem recaídas, mas continua firme no propósito de treinar a paciência.

Tecnologia e paciência

Vamos falar um pouco do mundo tecnologicamente veloz em que vivemos. Eu sou fã de tecnologia — aliás, não sei o que seria do meu cérebro frágil em orientação espacial sem o Waze. Mas não podemos negar que a tecnologia nos trouxe também efeitos colaterais. A falta de paciência é uma delas. Há até estudos comprovando o quanto e com o que as pessoas se frustram quando navegam na internet ou usam computadores: mensagens de erro, perda de conexão, download demorado e dificuldade de encontrar informações são as principais causas das frustrações nessa seara.[13]

A tecnologia pode até parecer nos "proteger" de algumas frustrações. Veja os jogos eletrônicos, por exemplo: se "morreu", comece novamente. Está difícil de passar de fase? Dê um google, pegue dicas e sinta o prazer imediato de vencer. Mas... vencer o quê? Preciso dizer que você não ensinou seu cérebro a ter paciência e a lidar com a frustração, muito menos a alcançar um objetivo valoroso.

Por outro lado, existe, sim, a tecnologia capaz de tratar frustração e ansiedade. Ela é baseada em evidência e em experiências exitosas, como a realidade virtual, e pode ser uma ferramenta para você.

Keep calm and be patient! Com *tech* ou sem, mantenha a calma, treine a paciência e siga em frente!

15

Perdão

Perdoar é libertar um prisioneiro e descobrir que o prisioneiro era você.

Lewis B. Smedes

Minha sugestão é encarar como algo que nos fortalece as frustrações que não puderam ser evitadas, sobretudo se você contar com o uso das competências emocionais. Se você está sofrendo com uma relação frustrada, perdoe-se e perdoe ao outro também. Pense melhor nas perdas e nos ganhos. Repare como fica mais fácil superar uma frustração quando você cultiva o perdão.

O *perdão* é um processo mental e espiritual que tem por objetivo cessar o ressentimento — um sentimento que pode ser tóxico — contra outra pessoa ou contra si mesmo, decorrente, por exemplo, de uma ofensa percebida por diferenças, erros, faltas ou fracassos.

Segundo a etimologia, o verbo "perdoar" vem do latim *perdonare*, que significa "desculpar, absolver ou remitir".[1] Trata-se de uma competência que precisa de mais treino para algumas pessoas ou em algumas situações. Foi por isso que a deixei em penúltimo lugar neste livro.

Superpoderes do perdão: do cérebro à emoção

O curioso é que, no nosso corpo, o perdão aumenta o nível de ocitocina, aquele já mencionado hormônio do relacionamento e do amor, que tem tudo a ver com querer o bem, cuidar e proteger. Quando cultivamos essa competência, ficamos embevecidos e todo o corpo se beneficia, pois geramos um bem-estar interno e externo, dado que esse hormônio é produzido no hipotálamo e armazenado na hipófise, de onde é liberado para sua ação.[2]

O que acontece no cérebro de quem perdoa? Em um estudo, foi solicitado aos participantes que imaginassem situações em que se sentiam ofendidos e, em seguida, que perdoassem o inimigo imaginário. Esse processo aconteceu dentro de um aparelho de ressonância magnética, o que permitiu o acompanhamento das mudanças na atividade cerebral dos participantes. Os resultados mostraram que, ao perdoar, o cérebro autorregula nossas emoções, permitindo adotar o ponto de vista do agressor e reavaliar o estado emocional deste. Essa empatia diminui as chances de retaliação e proporciona alívio a quem concede o perdão.[3]

Precisamos, então, entender um pouco o que acontece em nosso corpo e em nosso cérebro em uma situação estressante de longa duração, como a mágoa e a falta de perdão duradouras, que nos mantém reféns da frustração. Parece até um círculo vicioso: fico frustrado, magoado, não perdoo; fico ainda mais frustrado, mais magoado, e assim vai. Nesses casos, o cortisol é liberado, e o excesso desse hormônio pode "matar" as células cerebrais. Você já percebeu que, após uma situação de estresse intenso, não se lembra de imediato do que vivenciou?

A ciência mostra que, ao pensarmos constantemente nas decepções e mágoas, desregulamos a produção de cortisol, que, quando descontrolado, gera fadiga, estresse, baixa a imunidade e aumenta o risco de depressão — uma verdadeira escalada para o fracasso.[4,5]

Além disso, os estados emocionais gerados pela frustração, assim como a mágoa, diminuem a liberação da já bem conhecida serotonina[6] — ligada, entre outras coisas, ao humor. O perdão quebra esse círculo ruim e gera sentimentos positivos, que passam a estimular a produção de serotonina no organismo. E isso leva à produção de mais felicidade, alavancando a vida de quem pratica o perdão.

Logo, cultivar o perdão é também exercitar o cérebro!

O perdão racional e o emocional

De acordo com o psiquiatra Daniel Barros, que foi consultor do programa *Bem Estar*, da Rede Globo, existem dois tipos de perdão: o racional e o emocional.[7] Concordo plenamente, sobretudo acerca do entendimento de que, para perdoar de verdade, precisamos envolver ambos os processos. Estudos mostram que, quando perdoamos racionalmente — "Não vou mais pensar nisso, talvez eu estivesse errado", "Ah, pensando bem, até que eu não precisava fazer tempestade em copo d'água" —, diminuímos um pouco a carga negativa, mas é o perdão emocional — abrir mão das sensações negativas — que traz benefício real para o corpo. Esse perdão ajuda mais na diminuição do estresse, e com isso melhora a saúde do coração.

Em um programa apresentado por Angélica no final de 2023 no Globoplay, a atriz Giovanna Ewbank contou que havia perdoado uma traição do marido, o também ator Bruno Gagliasso. A razão, segundo ela, foi totalmente emocional: "Nós éramos muito jovens, mas fomos muito sábios em seguirmos o nosso coração e entender que a gente de fato queria ter aquela parceria que a gente tinha", declarou no bate-papo com Angélica. Na época, ela tinha apenas 22 anos. Hoje, aos 37, tem três filhos com o ator e um sólido casamento.[8]

Vamos supor que você carregue uma frustração enorme que o deixou muito descrente e o faz culpar a tudo e a todos. Preste atenção no que pode atrapalhá-lo ao não procurar o perdão. Quando a pessoa não consegue perdoar, o cérebro se ocupa com o desnecessário, perdendo tempo ao apenas julgar o "agressor":[9] "Você é o vilão! O grande culpado!". E é claro que, quando pensamos num evento que nos magoou, uma série de processos bioquímicos começa a acontecer, liberamos o hormônio do estresse no nosso corpo e se inicia uma série de outras funções que não controlamos, como salivação e batimentos cardíacos acelerados. É a ativação do nosso sistema de defesa: o sistema digestivo para, as pupilas dilatam, a pressão arterial e a frequência cardíaca aumentam, e os músculos ficam preparados para a ação. Nosso corpo se prepara para lutar, fugir ou congelar; se prepara para uma reação.[10]

Nosso cérebro racional, usando a ética, não permite a reação e faz força para brecar, conter esse processo. É nesse ponto que a melhor saída realmente é o perdão. Do contrário, seu sistema emocional pode entrar em colapso! E isso não depende dos fatos, e sim da interpretação que fazemos deles.

A falta de perdão pode manter nosso corpo e nosso cérebro nesse estado de alerta por muito tempo, levando até a uma significativa exaustão. Se você já viveu ou vive uma experiência como essa, vai se identificar.

Desapegando da mágoa, superando a frustração

Pensando bem, eu nunca tinha prestado atenção em como o perdão é importantíssimo para a saúde, o bem-estar e a superação de uma frustração. Ficar frustrado por muito tempo é como se intoxicar. Perdoar, por sua vez, é uma verdadeira desintoxicação emocional. E, como vimos, a emoção não está apenas no corpo, mas também no cérebro!

Será que você está frustrado pelo casamento que não deu certo, pelo presente prometido que não ganhou ou pelo reconhecimento no trabalho que não veio? Pode ser ainda que você esteja diante daquele que foi responsável pela morte de um ente amado ou de alguém que cometeu um erro gravíssimo, com sérias consequências para você.

Um caso muito esclarecedor que me impressionou foi narrado em 2013 em uma palestra do TED. *In Search of the Man who Broke my*

Neck (em português, "À procura do homem que quebrou meu pescoço") é uma lição de vida e revela as nuances por trás do perdão. Resumindo bem, Joshua Prager tinha 19 anos quando um acidente de ônibus em Israel o deixou com um dos lados do corpo paralisado. Após vinte anos, ele voltou à cidade à procura do homem que havia causado o acidente, na esperança de receber um pedido de perdão. Ele conseguiu encontrá-lo, mas não ouviu um pedido de desculpas e sequer notou no homem qualquer consciência dos danos que havia lhe causado. Joshua defrontou-se com o inimaginável: o perdão dependia dele mesmo, e não do outro.[11]

Embora saiba que isso pode ser muito frustrante e gerar raiva e desespero, proponho que você treine, sinta e viva o perdão. E só conseguimos fazer isso quando estamos abertos para o novo, com sinceridade e com o coração nutrido de bons sentimentos.

Você vem notando ao longo do livro que a frustração que sente também deve ser percebida, sentida e racionalizada caso você queira de fato se ver livre dela? Por incrível que pareça, e muitas vezes sem perceber, nós nos apegamos a ela.

Lembra do caso da Antônia do capítulo 6, sobre empatia? Ela precisou identificar e assumir sua frustração e seu apego à mágoa, depois precisou decidir se libertar, para só então passar a cultivar o perdão para com sua irmã. Também precisou perdoar a si mesma, pois antes havia praticado o excesso de empatia sem dar a devida atenção ao autocuidado. Após o cultivo do perdão, aquelas frustrações hard receberam "asas", se tornaram bem mais leves. O mesmo ocorreu com Ricardo, sobre quem comentei no capítulo 13, a respeito da resiliência.

Assim, o perdão só ocorre quando você se liberta da mágoa que sente em relação ao outro, buscando entender seu ponto de vista e suas circunstâncias. O exercício correto da empatia também ajuda muito a perdoar. Colocar-se no lugar do outro pode levar você a sentir e compreender os motivos daquela pessoa, auxiliando o processo do perdão e, consequentemente, a dissolução da frustração. E exercitar a fé de que há algo maior dirigindo e cuidando dos acontecimentos colabora bastante. Esse é o verdadeiro treino de sua Mandala da Plasticidade Emocional!

Mágoa é água parada

E água parada pode causar doenças! É assim que me sinto quando me percebo ancorada a uma mágoa. É frustrante carregar esse sentimento.

Provavelmente você já assistiu a mais de um filme em que determinado personagem carrega quilos e quilos de mágoas por anos a fio e apenas no leito de morte percebe que estava literalmente aprisionado a algo que só existia dentro dele. E mais: alimentado pelo ressentimento e pela raiva, apenas antes de emitir seu último suspiro consegue se libertar e perdoar. Não precisamos ir tão longe para perdoar e nos libertar de frustrações e dores, certo?

Proponho aprendermos a perdoar no dia a dia as pequenas tristezas, as pequenas mágoas. Vale a pena usar uns minutinhos para identificar, chegar mentalmente mais perto do que provocou essa mágoa e pensar em como gostaria de se livrar da dor e do peso dela.

Você já parou para pensar em quantas pessoas já o magoaram e em quantas outras você já magoou, voluntária ou involuntariamente? Responda às perguntas a seguir com sinceridade:

- Você guarda dores ou mágoas?
- Você já perdoou alguém que o magoou?
- Já se perdoou por ter errado com outras pessoas e consigo mesmo?
- O processo do perdão foi fácil, difícil ou, ainda, libertador?

Identifique, agora, suas pequenas mágoas, reconheça-as em seu corpo, decida se livrar delas e as imagine evaporando, sendo lavadas ou diminuindo de tamanho: escreva, desenhe, crie símbolos para esse processo. Reconheça também suas grandes mágoas. Pelo menos nesse momento admita que elas existem.

Agora, se você não tem mágoas, nem grandes nem pequenas, considere-se uma pessoa abençoada. Provavelmente você tende a lidar bem com as frustrações que se relacionam à falta de perdão.

Se seu amigo ficou com sua ex-namorada, de quem você gostava muito ou ainda gosta, e você lidou bem com essa frustração, perdoando-o facilmente, das duas uma: você não gostava tanto dela ou é uma pessoa que tem facilidade para perdoar. Que sorte! Provavelmente você não criou mágoa, não se frustrou e não desregulou sua produção de cortisol, logo sua máquina cerebral e seu corpo não foram intoxicados!

Porém, se ainda não perdoou, mas conseguiu identificar as mágoas, tudo bem também. Lembre-se: somos diferentes, temos nossa impressão digital cerebral e vamos lidar individualmente com as situações que acontecem. O que não impede você de aprender e ter maior consciência de como esses eventos afetam sua vida e de como você pode torná-los mais leves.

Frustrar-se tem até seu lado positivo, mas carregar mágoas, não.

Vítima ou vilão?

Você está com dificuldade em perdoar seu pai, que não lhe deu o carinho e a atenção que você queria ou entendia merecer? Considera impossível perdoar seu chefe ou colega de trabalho porque acha que tudo que deu errado em sua vida profissional foi responsabilidade deles?

A mágoa normalmente gera vitimismo, porque sempre há um responsável pela sua dor. Isso o diminui, já que toda vítima se vê pequena. Além de sabotar você diante das oportunidades da vida, esse comportamento gera uma sensação de não merecimento, porque a pessoa acha que não é digna de nada de bom.

Para o perdão ser efetivo, é preciso usar a cabeça de maneira correta. Com persistência e foco no sentir, essa ideia vai se fixar e se tornar um gesto comum, um hábito, fortalecendo as sinapses criadas, que poderão resultar em novas memórias e condicionamentos. Isso fará você mudar sua forma de agir em outras situações em que ocorrerem ofensas e mágoas. Pensamentos geram sentimentos, que geram pensamentos, e assim vai...[12]

O grande problema é que muitas vezes não queremos esquecer o motivo do não perdão e ficamos repetindo na mente as causas, os porquês, as justificativas. Aí a memória que se consolida é uma prisão de pensamentos, que pode até parecer uma daquelas celas conhecidas como solitárias.

Mas lembrar, por si só, não é a questão. O problema é lembrar e *sentir*, porque é assim que você liberará uma cascata neuroquímica em seu organismo, tanto sentimentos bons e positivos quanto ruins e tristes. Ao praticar o perdão, no entanto, você liberará somente sentimentos positivos. Perdoar, dar o primeiro passo, além de permitir avançar com mais liberdade no seu presente, dá a oportunidade de aprender novos valores e estratégias para enfrentar qualquer estresse, frustração ou ansiedade.

Frustrar-se ou perdoar é fracassar?

Se você ainda não se convenceu de que perdoar faz bem e ajuda a lidar com sua frustração, pode ser que esteja confundindo perdão com fracasso.

Robert Enright, um dos mais conhecidos especialistas no estudo da psicologia do perdão, concluiu, após dezenas de anos e a análise de vários casos, que nem todos são capazes de dar o primeiro passo para oferecer o perdão, pois para alguns é muito mais difícil. Isso porque essas pessoas encaram, erroneamente, o perdão como uma forma de fraqueza, sendo que é o contrário: é um processo de força, com resultado libertador.[13]

Foi esse o tempo — dezenas de anos — que Sheila, minha paciente, levou para se libertar. Ela sempre quis dar uma formação de qualidade para o filho, pagar uma boa universidade para ele ou lhe proporcionar estudos fora do Brasil, porém, apesar de seu esforço, não teve condições. Embora tenha aprendido que guardar a sensação de impotência em formato de frustração não adianta nem resolve o martírio, sempre repetia a frase: "Eu não me perdoo por não ter dado uma vida melhor ao meu filho". Sabemos, entretanto, que repetir palavras e frases negativas nos deixam bem longe da resolução.

Para minimizar a frustração, Sheila passou a escrever em um caderno algumas perguntas: "Você fez o melhor que podia?", "Se não fez, teve suas razões ou, ainda, procurou compreender os fatos a partir de outros pontos de vista?". Viver frustrado é como dirigir um carro com o freio de mão puxado: no mínimo vai estragar o freio. E o freio é o contrário do perdão e da "libertação", concorda?

E foi essa força do perdão que Paulo, outro paciente meu, teve que buscar dentro de si para conseguir trabalhar toda a mágoa e a sensação de estar à beira do abismo após o rompimento de um casamento cheio de acusações.

Se fosse apenas o casal que se odiasse e se ignorasse pelo resto da vida, já seria suficientemente pesado e nocivo, mas havia também um negócio em que os dois eram sócios e que ia muito bem, e eles não podiam simplesmente implodi-lo, como havia acontecido com o relacionamento.

Entretanto, cada vez que Paulo precisava dirigir a palavra a Kátia, sentia que um bolo se formava em sua garganta, uma dor que irradiava do peito à cabeça, fazendo-a latejar. Não conseguia perdoá-la por ter traído a confiança que ele depositara em cinco anos de relacionamento a dois. Tudo por conta de um affair.

Antes de perdoá-la, Paulo precisava fazer as pazes consigo mesmo. Redimensionar a expectativa com o casamento, desenvolvendo a autocompaixão e se perdoando por não ser imune aos imprevistos da vida. Precisava enxergar a situação de um ponto neutro, não sendo duro consigo mesmo nem excessivamente implacável com ela. Olhar para ambos sob uma perspectiva gentil, com aceitação de suas atitudes.

Para Paulo, trabalhar a questão do perdão, compreendendo aspectos da neurociência das emoções e de todo o processo foi, segundo ele, encontrar a pedra filosofal para aliviar a frustração de ter sido traído. E foi algo essencial à sua saúde mental e emocional, junto à manutenção do bom clima dentro da empresa.

Perdão demanda, acima de tudo, um processo de autoconhecimento. Paulo trabalhou todas essas questões e diz que, hoje, consegue olhar para a sua sócia sem nenhum outro sentimento que não o de estar encarando um ser humano vulnerável. Acima de tudo, tirou um peso enorme de dentro de si e desfez aquele nó que crescia dentro de seu peito.

Exercitar o perdão para desapegar da frustração e da mágoa

Talvez você tenha sido muito criativo e gentil e tenha dado várias oportunidades à pessoa que o magoou, mas ainda assim ficou muito frustrado por não conseguir sair dessa situação. Talvez você tenha sido um grande exemplo de perseverança, empatia e generosidade, fortalecendo recursos, e ainda assim se percebeu frustrado com algo inimaginável. Não somos perfeitos e, mesmo quando exercitamos bem nossas competências emocionais, podemos ser acometidos por frustração. Mas eu lhe asseguro que, se treinar sua Mandala da Plasticidade Emocional, você terá sempre mais recursos para lidar com as situações imprevisíveis e frustrantes. E não se esqueça: perdoar é, de fato, promover o bem-estar!

16

Fé

*Andar com fé eu vou,
que a fé não costuma "faiá".*

GILBERTO GIL

Creio que você já tenha ouvido a frase "A fé remove montanhas". Na verdade, essa expressão é baseada em uma passagem bíblica (Mateus 17:20).[1] Se a fé remove montanhas, imagine o que ela pode fazer com as nossas jazidas de frustrações.

Você é uma pessoa de fé? Em que você acredita acima de todas as coisas? Não, não me refiro a uma religião, e também não estou perguntando se acredita em Deus. Falo sobre a capacidade de crer completamente em alguma coisa ou alguém, mesmo que não exista comprovação, evidência, sinal ou fato.

A palavra "fé" vem do grego *pistis*, traduzido por confiança, firme convencimento.[2] É um princípio de ação e poder, praticado sempre que trabalhamos para alcançar uma meta digna e, portanto, muito importante mesmo desconhecendo seus resultados.

O cérebro e a fé

Segundo Albert Einstein, "a ciência sem a religião é manca, e a religião sem a ciência é cega".[3] Mas o que realmente sabemos no âmbito científico sobre a relação entre cérebro e espiritualidade?

A relação entre o lobo temporal do cérebro (região responsável pela audição, pelas emoções, entre outras funções) e a experiência religiosa é tão marcante que essa área já foi chamada por muitos de "God Spot" — ou seja, a marca que Deus teria deixado em nosso cérebro.[4,5] Mas, quando se trata do cérebro humano, nada é tão simples assim!

Estudos realizados com freiras carmelitas descalças e monges budistas, enquanto rezavam ou meditavam, respectivamente (note que aparentemente os rituais de fé são bem distintos), mostraram que várias regiões cerebrais são ativadas durante esses rituais (núcleo caudado, giro do cíngulo, córtex insular, córtex orbitofrontal e córtex pré-frontal, tronco encefálico e tálamo!).[6]

Além disso, observou-se que o "fenômeno de transcendência" está correlacionado com a diminuição da atividade da região parietal direita e o aumento da atividade do sistema de recompensa cerebral.[7]

A espiritualidade, ou, para muitos, a religiosidade, não é, portanto, o resultado da atividade de uma única região cerebral; parece, na verde, ser uma das muitas propriedades emergentes que surgem devido à forma como o cérebro processa as informações e as emoções.

Essa intersecção do cérebro com a espiritualidade tem sido tão estudada que muitos a veem como uma disciplina: a neuroteologia, também chamada de neurociência espiritual. Amada por uns e odiada por outros, ela reacende o debate da relação entre ciência e religião. Alguns cientistas aplaudem a ideia de a ciência estudar a fé, mas outros advertem que é extremamente delicada a tarefa de querer explicar a presença de Deus ou experiências extremamente subjetivas com um punhado de impulsos elétricos. Nesse sentido, o famoso neurocientista Michael Gazzaniga declarou: "Se Deus está no cérebro, o cérebro é Deus".[8]

Polêmicas à parte, o que importa é que a fé não é um subproduto inútil do cérebro, é um mecanismo que faz os seres humanos crescerem, se desenvolverem e se adaptarem. Também proporciona objetivos, como ser uma pessoa melhor, ou ainda ajuda o indivíduo a dar propósito e significado à vida, seja a fé dirigida a Deus, a Buda ou à própria ciência.[9]

Perceba aí a beleza dos desafios. É a fé que pode nos ajudar a significar ou, muitas vezes, ressignificar a vida, principalmente diante de uma indignação, um rancor ou uma simples frustração. Note que muitas vezes aceitamos melhor um acontecimento ou um sentimento por entendermos que há algo maior regendo a vida, o que minimiza, por ora, o sentimento de frustração.

Fato ou fé?

Vamos aos fatos, longe e perto dos laboratórios da ciência: a fé é um dos remédios no tratamento de doenças. E veja que incrível: muitos médicos concordam e vêm divulgando essa ideia![10]

Pesquisas mostram que pessoas que têm fé vivem mais, recuperam-se mais rapidamente de doenças e são mais resilientes e felizes,[11,12] e assim esse tema vem ganhando mais espaço na atualidade. Principalmente porque a fé pode ajudar a lidar melhor com as frustrações do dia a dia.

Provavelmente você conhece alguém cuja religião auxilia na busca de significado para os problemas e para as próprias dores. Acreditar em um deus, por exemplo, ajuda a cultivar o otimismo e a esperança na própria superação.

É evidente que muita gente fora do âmbito científico não tem a menor dúvida de que atividades como rezar e meditar fazem muito bem à saúde física, mental e espiritual. No entanto, durante bastante tempo a ciência foi reticente em admitir seus efeitos benéficos.

Jeff Levin, considerado um dos principais nomes nos estudos científicos a respeito da relação entre as práticas religiosas ou espirituais e a saúde (o resultado de anos de pesquisas está em seu livro *Deus, fé e saúde*), diz que já foram feitos muitos estudos sobre esse tema e que, atualmente, a premissa de que ter fé traz saúde e/ou bem-estar é bem-aceita até pelos médicos mais céticos.[13]

Ultimamente está na moda praticar meditação. Perceba que você pode exercer a sua fé no deus da religião católica, judaica, muçulmana, evangélica e tantas outras e praticar essa técnica. Acho bacana relembrar aqui que inúmeros cientistas renomados, por intermédio de suas pesquisas, têm corroborado que práticas meditativas auxiliam no funcionamento do sistema imunológico, melhorando problemas de saúde, como a asma, e ativando áreas cerebrais relacionadas ao bem-estar.[14,15]

Em geral, pessoas de muita fé alegam se frustrar menos. Aliás, as que eu conheço nem usam muito a palavra "frustração". Conheci uma mulher que estava tentando engravidar e, enquanto não conseguia, dizia com fé: "Vou dar graças ao que meu Deus me conceder", ou, ainda, "Se Deus quis assim, este é o melhor no momento".

A fé particular de cada um

Sei que, nos momentos mais difíceis da vida, quando tudo falhar, você pode duvidar de muitas coisas e se sentir abandonado. Mas também pode acontecer o contrário: você se fortalecer. Isso é muito particular e depende da formação de cada um, de como esse processo delicado e impalpável chamado "fé" se entranhou na pessoa. Na maioria das vezes, o exercício da fé tem origem na família, mas seu exercício verdadeiro é muito particular e íntimo.

No meu caso, enquanto estava me recuperando do AVC, me conscientizando de minhas limitações e meus desafios, briguei com Deus, lutei com meus sonhos, duvidei da minha fé na vida. Fiquei extremamente frustrada, com raiva; depois, fui tomada por uma tristeza que passou dos limites da normalidade e entrou na seara da doença depressão.

Abandonei a crença na religião que herdei, mas — após altos e baixos, como uma montanha-russa — não deixei de buscar reconstruir a minha fé. E foi ela que me ajudou a seguir adiante, a lidar com a frustração do tipo peso-pesado.

Repare que quase sempre uma pessoa que passou por um sofrimento muito grande busca a fé como principal ferramenta ou, ainda, como uma "tábua de salvação", como diz o ditado popular. O treino dessa competência é tão valoroso que muitos podem dizer, diante de uma dada situação, que o que para alguns seria sobremaneira frustrante foi apenas triste. Ou, ainda, que somente se decepcionou e que há um motivo maior e mais importante — embora muitas vezes desconhecido — para isso ter acontecido.

Qual é a sua fé? Como você a exercita? De que modo exercitar a fé pode fortalecê-lo diante de uma frustração por ter escolhido uma profissão e não outra mais promissora, um companheiro e não outro, uma atitude e não outra?

A fé é sempre algo maior, parece estar acima das escolhas, e a treinamos quando cultivamos o crer sem ver, sem buscar explicações. Desde pequenos desenvolvemos uma espécie de "músculo" da fé. Às vezes podemos viver um pequeno momento e este ter um significado enorme para fortalecer e creditar nossa fé. Já aconteceu com você de precisar de um sinal para escolher algo e uma borboleta pousar em sua bolsa ou um raio de chuva cortar o céu bem no momento em que estava pensando em uma das opções? Quando já estamos nos sentindo frustrados com uma decisão tomada, a mesma experiência vale. Essas situações que vamos vivenciando vão fortalecendo o exercício da fé. Se temos também uma religião, que tem ensinamentos e passagens, acontecimentos que afirmam e confirmam experiências que vêm da entrega ao seu Deus, a fé se fortalece.

Eu, por exemplo, nasci em uma família católica, busquei o budismo na adolescência, gosto de ensinamentos do judaísmo e hoje tenho minha fé alicerçada em um Deus que não tem nome, mas significa onipresença e onipotência; uma força do bem supremo; algo que integra tudo e todos. E percebo que, se eu a alimento, cultivo, rezo, fico mais forte para enfrentar as irremediáveis dificuldades.

E como anda a fé da novíssima geração? Ultimamente acho ainda mais importante procurar exercitar a fé, principalmente em crianças, adolescentes e jovens, que têm, muitas vezes, um deus digital.

Antes de tomar atitudes das quais possa se arrepender, é importante pesquisar, pensar e refletir; se for o caso, pedir a opinião de pessoas confiáveis e ter fé na sua escolha.

Da criança ao idoso, do saudável ao nem tanto, do feliz ao frustrado, fato é que o treino da fé não costuma falhar!

Mas e se eu não creio em Deus?

Não precisamos ir tão longe: independentemente de sua crença em um deus, se você acionar a conexão profunda que existe dentro de você com o ambiente por meio da meditação, por exemplo, conseguirá ativar circuitos neurais que processam informações e emoções. Não é fantástico?

Muitos estudiosos acreditam que cada um de nós deveria reservar momentos de introspecção, momentos só para si, e tentar se conectar com o seu eu interior. É o que Elisha Goldstein, autor de *The Now Effect* (que seria em português algo como "O efeito do agora"), chama de "cultivar momentos sagrados para si". Com esses momentos, você conseguirá usufruir de benefícios semelhantes aos proporcionados pelas crenças no divino, mas apenas focando em energias que fazem bem a você.[16]

Mesmo que não acreditemos em Deus ou não tenhamos uma religião, sempre temos algo que consideramos sagrado. Perceber o que é sagrado para nós é o que nos faz acessar a nossa essência.

A fé é individual e cada um tem o seu, por assim dizer, modo de praticá-la. Portanto, é essencial o respeito à nossa fé e também à fé alheia, sem julgamentos, sem preconceitos — claro, desde que a minha fé ou a do outro não cerceie a liberdade de nenhum ser humano.

Talvez os pensamentos do filósofo Robert C. Solomon ajudem a encarar essa questão de fé com menos reticências e barreiras. Ele reconhece que confundia espiritualidade e religião, como muitos de nós, e diz que rejeitava ambas por preconceitos que trazia desde muito cedo na vida.[17] Para Solomon, espiritualidade "é nada menos que o amor bem pensado à vida".

Tem como não refletir sobre a profundidade dessa conclusão? Afinal, amor à vida é algo inerente a todo ser humano, por maior que seja sua bagagem de frustrações.

Como se (re)conectar com a fé

Minha dica pessoal para entrar em sintonia com a fé é extremamente simples: conecte-se! Não, não com seu celular, com a Netflix ou com a internet. Conecte-se com a natureza e com a *sua* natureza. Quando me sinto triste, desvitalizada ou, ainda, diante de uma situação com potencial frustrante, sempre que posso, tiro os sapatos e fico com os pés na grama. Gosto também de abraçar árvores. Mas, antes que você me ache excêntrica ou esquisita, li há pouco tempo sobre a vitamina N, conceito idealizado pelo escritor norte-americano Richard Louv, que preconiza o contato com a natureza como sendo essencial às crianças, e brinco que essa já é uma nova tendência do próximo século, que chamo de "fazer fotossíntese".[18]

Brincadeiras à parte, "fazer fotossíntese", ou nos aproximar da natureza com a consciência do bem que ela traz, nos ajuda a ter uma melhor qualidade de vida, reduz a ansiedade, estimula a inovação, repõe as energias e nos faz entender o processo da vida. É uma excelente habilidade de conexão com a nossa espiritualidade, para nos trazer ao presente, ao momento.

Consequentemente, nos fortalece diante de uma frustração ao lembrar que se frustrar pode ser uma consequência de você ter atribuído ao futuro um poder que ele não tinha. Por exemplo, voltando ao caso da pessoa que queria engravidar: se ela estava sempre adiando seu desejo, não observando que o tempo passa, que o corpo feminino muda, as chances de se frustrar aumentam; logo, se aproximar do presente, da realidade do momento e estabelecer prioridades são estratégias para minimizar sua possível frustração. Nesse caso, exercitar a fé pode ser acreditar que fará tudo que está ao seu alcance para engravidar, que a escolha do médico foi a melhor possível, que ela e seu parceiro ficarão atentos aos sinais da vida, e, no exercício da fé pelo casal, o melhor irá acontecer. Rezar, pedir ao seu Deus, orar, fazer rituais são formas de exercício da fé.

Viver com fé!

Dois anos após perder o filho caçula de forma trágica, a atriz e apresentadora Cissa Guimarães estreou no canal GNT com o programa *Viver com fé*, no qual ela entrevistava personalidades e anônimos de diferentes religiões, mas cheios de fé. Do programa, nasceu ainda um livro com o mesmo nome, com um compilado das melhores entrevistas.

Em 2010, o filho da atriz, Rafael Mascarenhas, de 18 anos, foi atropelado por um carro que transitava em alta velocidade em um túnel fechado para manutenção no bairro da Gávea, no Rio de Janeiro. Quanto mais pública e conhecida a pessoa, maior parece o impacto de uma tragédia. No caso de Cissa, além de atravessar o luto, ela teve de lidar com o assédio da imprensa.

Após duas semanas recolhida em sua dor, Cissa voltou a trabalhar, surpreendendo público e amigos. Sua justificativa para participar da peça *Doidas e santas* foi linda: "Precisava voltar para me sentir viva".[19]

Além de retornar ao trabalho, foi sua fé que a manteve firme. Em uma entrevista para o jornal gaúcho *Zero Hora* em 2015, ela afirmou: "Tenho muita pena de quem não tem fé, porque deve dar um trabalho... Acho que a fé é muito maior do que as religiões. Penso que as religiões nasceram a partir de grandes ensinamentos, de grandes avatares de Deus. Jesus Cristo, Maomé, Buda... Os livros têm todos esses ensinamentos e levam a caminhos. Alguns desses caminhos nos batem de forma mais profunda. A questão da morte, por exemplo, é vista de forma muito interessante pelo budismo, que me ajudou muito a lidar com a passagem do Rafa. Olhar para a morte de forma negativa é algo ocidental. A fé é muito maior do que as religiões. O que existe são caminhos. Não tenho uma religião que eu siga cegamente".

Por já ter essa visão antes da morte do filho, Cissa parece não ter desenvolvido depressão nem se rendeu à autocomiseração tão comum em situações de luto. Ela, com certeza, ficou frustrada e triste, talvez tenha sentido raiva, mas não se deixou abater.

Mandala da Plasticidade Emocional

Após essa imersão nas diferentes competências, como você reavaliaria sua Mandala da Plasticidade Emocional? Repita o exercício feito lá no começo do livro e compare com sua primeira tentativa. O que mudou? Sugiro que você pinte as pétalas de tempos em tempos para sentir o que precisa melhorar em cada momento da vida.

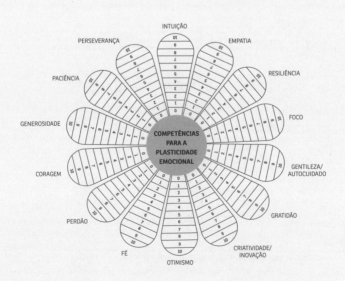

Régua das emoções

Além da Mandala, criamos uma régua para você usar toda vez que sentir que alguma coisa anda alterada nas suas emoções. Da esquerda para a direita, qual costuma ser a ordem desses sentimentos e emoções para você? Observe sempre se esse sentimento cresce e se torna mágoa, rancor e ira. Lembre-se ainda de que pode haver uma régua diferente para cada situação ou experiência, além de emoções e sentimentos em diferentes intensidades. Crie suas próprias réguas.

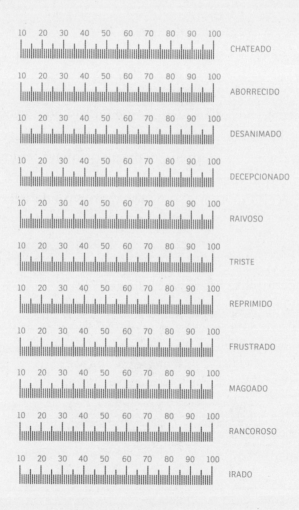

Epílogo

*Vale mais fazer e se arrepender do
que não fazer e se arrepender.*

Nicolau Maquiavel

Minha intenção (não expectativa) ao escrever este livro foi ajudar você a relativizar, compreender melhor e minimizar suas frustrações. Foi também sugerir estratégias para que elas se transformem em emoções mais aprazíveis. E não estou sendo irônica aqui; quando sentimos, entendemos e superamos, conquistamos mais prazer.

Lembro que não foi fácil escrever a primeira versão deste livro: muitas situações inesperadas e interessantes, contratempos, surpresas e sustos ocorreram ao longo do processo. Afinal, a ideia era falar sobre a frustração, certo? E nada como vivenciá-la enquanto se escreve. Para esta segunda versão, eu trouxe histórias e sentimentos comuns sobre a pandemia do coronavírus, um tempo que gerou frustrações para todo ser humano deste planeta.

Mas, claro, foi muito enriquecedor, e me sinto uma pessoa melhor e mais sábia para lidar com as frustrações que certamente ainda virão e mais segura de que tenho mais estratégias e recursos para enfrentá-las. Confesso que escrever e depois reescrever este livro me ajudou muito, mais até do que eu esperava. E torço para ter acontecido o mesmo com você ao ler minhas palavras.

O que também foi muito especial foi apresentar com um olhar de positividade esse tema que sofre tanto preconceito. O treino de competências emocionais é essencial para enfrentar, tolerar e compreender a nossa boa e velha conhecida frustração. Principalmente por ser de consenso geral que estamos imersos em tempos de frustrações, angústias e medos em excesso.

Também foi um privilégio ampliar o entendimento para a compreensão emocional das questões. Quando escolhi falar sobre como cada competência atua no cérebro e no corpo, meu intuito era que pudéssemos compreender a lógica e a natureza do funcionamento da mente. A competência cognitiva e a competência emocional se misturam muitas vezes, tanto que eu quase as batizei de "competências emotivas" (emocional + cognitiva).

Também fiz questão de escrever o real nome (termo científico como é estudado) de estruturas, circuitos, funções e substâncias químicas do cérebro em respeito a você, pois, caso queira se aprofundar, terá todos os caminhos para fazê-lo (e pelo menos esse não será um motivo de frustração).

Os casos citados foram escolhidos em função da prevalência das principais frustrações da atualidade: trabalho, filhos, relações afetivas e amorosas, doenças e avanços tecnológicos. Para esclarecer, caso paire alguma dúvida, todos os casos apresentados foram baseados em pessoas reais, que cederam uma pitada de sua vida para exemplificar a superação de algumas de suas frustrações e o treino de competências emocionais.

Gosto de lembrar que treinar as competências emocionais é tão importante quanto fazer exercício físico, se alimentar bem e manter um bom e animado convívio social. Aliás, treinar as competências emocionais é essencial para cultivar bons relacionamentos. E bons relacionamentos são fundamentais para ter uma vida boa.

Um dos maiores estudos já conduzidos sobre bem-estar humano foi realizado pela Universidade Harvard ao longo de mais de oitenta anos.[1] Desde 1938, foram acompanhados 724 homens em todos os aspectos de suas vidas: trabalho, vida doméstica, saúde, relacionamentos, alimentação etc. Robert Waldinger, o quarto diretor do estudo, fez um famoso TED Talk em 2015 no qual apresentou os resultados do estudo até aquele momento. Ele disse que, se pudesse resumir em uma frase o grande achado do estudo, seria: "Bons relacionamentos nos mantêm felizes e saudáveis".[2]

A mesma conclusão aparece na série documental da Netflix *Como viver até os 100: os segredos das zonas azuis*. Dan Buettner, explorador e repórter da *National Geographic*, vai até as chamadas zonas azuis, onde há as maiores concentrações de pessoas centenárias no mundo. O que ele observa em todas as áreas é muito parecido: estilos de vida e ambientes que proporcionam a longevidade. E uma coisa que todos esses locais têm em comum é o cultivo dos bons relacionamentos.[3]

Bom treino!

Acesse o QR Code ao lado para encontrar os *quizzes* que foram desenvolvidos especialmente para este livro, com o intuito de serem uma ferramenta a mais para você se perceber e se fortalecer.

A você que me acompanhou até aqui, e que vai continuar o treino da Mandala da Plasticidade Emocional, eu desejo uma feliz superação de suas frustrações. Ou, ainda, não menos importante, que elas se tornem pedras mais lapidadas, leves e dignas de aprendizados!

Ah, sim, as *minhas* frustrações? Também foram se relativizando e sendo lapidadas enquanto eu escrevia o livro.

Notas

Apresentação

1. KANDEL, E. *et al. Princípios de neurociências.* 5. ed. Porto Alegre: McGraw Hill Education, 2014.
2. BEAR, M. F.; CONNORS, B. W.; PARADISO, M. *Neurociências*: desvendando o sistema nervoso. Porto Alegre: Artmed, 2010.

Introdução

1. DAMÁSIO, A. *O erro de Descartes*: emoção, razão e o cérebro humano. São Paulo: Companhia das Letras, 1996.
2. ABLER, B.; WALTER, H.; ERK, S. Neural correlates of frustration. *NeuroReport*, v. 16, n. 7, p. 666-72, 2005.
3. ABSHER, J.; CLOUTIER, J. *Neuroimaging personality, social cognition, and character.* Amsterdam: Academic Press, 2016.
4. YU, R. *et al.* The neural signature of escalating frustration in humans. *Cortex*, v. 54, p. 165-78, 2014.
5. ROSENZWEIG, S. The picture-association method and its application in a study of reactions to frustration. *Journal of Personality*, v. 14, n. 1, p. 3-23, 1945.
6. BAUMAN, Z. *Modernidade líquida.* Rio de Janeiro: Zahar, 2001.

7. DEHAENE, S. *Os neurônios da leitura*. São Paulo: Penso, 2011.
8. FISHER, S. R. *História da escrita*. São Paulo: Editora Unesp, 2009.
9. Dados sobre a pandemia disponíveis em: https://www.who.int/es/news/item/02-03-2022-covid-19-pandemic-triggers-25-increase-in-prevalence-of-anxiety-and-depression-worldwide; https://www.unicef.org/brazil/comunicados-de-imprensa/impacto-da-covid-19-na-saude-mental-de-criancas-adolescentes-e-jovens; e https://agencia.fapesp.br/pesquisa-revela-indices-negativos-de-saude-e-bem-estar-mental-entre-profissionais-de-saude-na-pandemia/40416. Acesso em: 16 nov. 2023.
10. UNICEF BRASIL. Impacto da covid-19 na saúde mental de crianças, adolescentes e jovens é significativo, mas somente a "ponta do iceberg". — UNICEF. 4 out. 2021. Disponível em: https://www.unicef.org/brazil/comunicados-de-imprensa/impacto-da-covid-19-na-saude-mental-de-criancas-adolescentes-e-jovens. Acesso em: 10 fev. 2024.
11. SRINTALL, N. A.; SRINTALL, R. C. *Psicologia educacional*. 5. ed. Porto Alegre: McGraw Hill, 1993; FELDMAN, R. S. *Introdução à psicologia*. 6. ed. Porto Alegre: McGraw Hill, 2007.
12. CARVALHO, R. *Maestro!* A volta por cima de João Carlos Martins e outras histórias. São Paulo: Gutenberg, 2015.
13. JOÃO, O MAESTRO. Direção de Mauro Lima. Brasil, 2017 (1 h 56 min). Gênero: Biografia.
14. YOUSAFZAI, M.; LAMB, C. *Eu sou Malala*: a história da garota que defendeu o direito à educação e foi baleada pelo Talibã. São Paulo: Companhia da Letras, 2015.
15. KAHNEMAN, D. *Rápido e devagar*: duas formas de pensar. Rio de Janeiro: Objetiva, 2012.
16. COZENZA, R. M. *Por que não somos racionais*: como o cérebro faz escolhas e toma decisões. Porto Alegre: Artmed, 2016.

Capítulo 1 — A neurociência das emoções

1. O conceito de saúde proposto pela Organização Mundial da Saúde (OMS) é amplamente divulgado. Você pode encontrá-lo no site da OMS ou em artigos científicos como: SEGRE, M.; FERRAZ, F. C. O conceito de saúde. *Revista de Saúde Pública*, v. 31, n. 5, p. 538-42, 1997.

2. DEPRESSÃO SERÁ A DOENÇA MAIS COMUM DO MUNDO EM 2030, diz OMS. *BBC*, 2 set. 2009. Disponível em: https://www.bbc.com/portuguese/noticias/2009/09/090902_depressao_oms_cq. Acesso em: 22 nov. 2023.
3. CHADE, J.; PALHARES, I. Brasil tem maior taxa de transtorno de ansiedade do mundo, diz OMS. *O Estado de S. Paulo*, 23 fev. 2017. Disponível em: https://saude.estadao.com.br/noticias/geral,brasil-tem-maior-taxa-de-transtorno-de-ansieda-de-do-mundo-diz-oms,70001677247. Acesso em: 22 nov. 2023.
4. DEL PORTO, J. A. Conceito e diagnóstico. *Revista Brasileira de Psiquiatria*, v. 21, p. 1, p. 6-11, 1999.
5. WRIGHT, R. *O animal moral*: por que somos como somos. A nova ciência da psicologia evolucionista. Rio de Janeiro: Campus, 1996.
6. JOCA, S. R. L.; PADOVAN, C. M.; GUIMARÃES, F. S. Estresse, depressão e hipocampo [Stress, Depression and the Hippocampus]. *Revista Brasileira de Psiquiatria*, v. 25 (Supl. II), p. 46-51, 2003.
7. FREUD, S. *Luto e melancolia*. São Paulo: Cosac Naify, 2011.
8. FÓZ, A. *A cura do cérebro*. 3. ed. São Paulo: Novo Século, 2018.
9. COHEN-SOLAL, A. *Sartre*: uma biografia. Porto Alegre: L&PM, 2008.
10. SÊNECA, L. A. *Sobre a brevidade da vida*. Porto Alegre: L&PM, 2012.
11. Para saber mais sobre o que Sêneca pensava sobre raiva e frustração, assista ao vídeo *Seneca on Anger — Philosophy: a Guide to Happiness*, de Alain de Botton. Alain é um escritor suíço famoso por popularizar a filosofia e divulgar seu uso na vida diária. O vídeo está disponível em: https://www.youtube.com/watch?v=-cUStWm_AkaY. Acesso em: 22 nov. 2023.
12. SRINTALL, N. A.; SRINTALL, R. C. *Psicologia educacional*. 5. ed. Porto Alegre: McGraw Hill, 1993; FELDMAN, R. S. *Introdução à psicologia*. 6. ed. Porto Alegre: McGraw Hill, 2007.
13. *Ibid.*
14. *Ibid.*
15. ABLER, B.; WALTER, H.; ERK, S. Neural correlates of frustration. *NeuroReport*, v. 16, n. 7, p. 666-72, 2005; BLAIR, R. Considering anger from a cognitive neuroscience perspective. *Wiley Interdisciplinary Reviews: Cognitive Science*, v. 3, n. 1, p. 65-74, 2012.

16. BLACK, P. H. Stress and the inflammatory response: a review of neurogenic inflammation. *Brain, Behavior, and Immunity*, v. 16, n. 6, p. 622-53, 2002.

Capítulo 2 — Plasticidade Emocional para superar a frustração

1. SZE, J. A. et al. Coherence between emotional experience and physiology: does body awareness training have an impact? *Emotion*, v. 10, n. 6, p. 803-14, 2010.
2. NORMAN, D. *Design emocional*. São Paulo: Rocco, 2008.
3. FÓZ, A. *A cura do cérebro*. 3. ed. São Paulo: Novo Século, 2018.
4. FÓZ, A. Plasticidade cerebral & plasticidade emocional. *Psique, Ciência & Vida*, ano 7, n. 93, 2013.
5. MERZENICH, M. *Soft-wired*: how the new science of brain plasticity can change your life. San Francisco: Parnassus, 2013.
6. LENT, R. *Cem bilhões de neurônios*: conceitos fundamentais de neurociência. São Paulo: Atheneu, 2001.
7. FÓZ, A.; NASSAR, L. Fostering emotional plasticity in acquired brain injury rehabilitation. *Journal of Psychosocial Rehabilitation and Mental Health*, p. 1-5, 2023.

Capítulo 3 — Criatividade

1. SILVA, D. DA. *De onde vêm as palavras:* origens e curiosidades da língua portuguesa. 17. ed. Rio de Janeiro: Lexikon, 2014.
2. DICIONÁRIO HOUAISS DA LÍNGUA PORTUGUESA. Rio de Janeiro: Objetiva, 2009.
3. NOVO DICIONÁRIO AURÉLIO DA LÍNGUA PORTUGUESA. 4. ed. Curitiba: Positivo, 2009.
4. KAHNEMAN, D. *Rápido e devagar:* duas formas de pensar. Rio de Janeiro: Objetiva, 2012; COZENZA, R. M. *Por que não somos racionais*: como o cérebro faz escolhas e toma decisões. Porto Alegre: Artmed, 2016.
5. DAMÁSIO, A. Criatividade: a representação das memórias. *Fronteiras do Pensamento*. Postado em março de 2014. Disponível em: https://www.fronteiras.com/videos/criatividade-a-representacao-das-memorias. Acesso em: 24 nov. 2023.
6. BEATY, R. E. et al. Robust prediction of individual creative ability from brain functional connectivity. *PNAS*, v. 115, n. 5, p. 1087-92, 2018.
7. GOBLE, F. G. *The third force*: the psychology of Abraham Maslow. Oxford: Grossman, 1970.

8. DE MASI, D. *O ócio criativo*. Rio de Janeiro: Sextante, 2000.
9. Para saber mais sobre o método montessoriano, acesse o site da Associação Brasileira de Educação Montessoriana. Disponível em: http://www.montessoribrasil.com.br. Acesso em: 23 nov. 2023.
10. Sobre Larry Page, ver: 32 FATOS QUE VOCÊ PROVAVELMENTE NÃO CONHECIA SOBRE O FUNDADOR DO GOOGLE. *Época Negócios*, 18 ago. 2017. Disponível em: https://epocanegocios.globo.com/Tecnologia/noticia/2017/08/32-fatos-que-voce-provavelmente-nao-sabia-sobre-o-fundador-do-google.html. Acesso em: 24 nov. 2023.
11. O site da Khan Academy está disponível em: https://pt.khanacademy.org/. Acesso em: 24 nov. 2023.

Capítulo 4 — Intuição

1. DICIONÁRIO HOUAISS DA LÍNGUA PORTUGUESA. Rio de Janeiro: Objetiva, 2009.
2. BROWNE, J. *A origem das espécies de Darwin*: uma biografia. Rio de Janeiro: Zahar, 2007.
3. GERSTENBERG, T.; JOSHUA, B. *Intuitive theories*. Disponível em: https://cicl.stanford.edu/papers/gerstenberg2017theories.pdf. Acesso em: 16 fev. 2024.
4. PIAGET, J. As operações lógicas e a vida social. *In*: PIAGET, J. (org.). *Estudos sociológicos*. Rio de Janeiro: Forense, [1945] 1973.
5. HARTEIS, C.; BILLETT, S. Intuitive expertise: theories and empirical evidence. *Educational Research Review*, v. 9, p. 145-57, 2013.
6. COLLINS, L.; COLLINS, D. Decision making and risk management in adventure sports coaching. *Quest*, v. 65, n. 1, p. 72-82, 2013.
7. DANE, E.; ROCKMANN, K. W.; PRATT, M. G. When should I trust my gut? Linking domain expertise to intuitive decision-making effectiveness. *Organ Behav Hum Decis Process*, v. 119, p. 187-94, 2012.
8. GOLEMAN, D. *Foco*: a atenção e o seu papel fundamental para o sucesso. Rio de Janeiro: Objetiva, 2014.
9. JUNG, C. G. *Tipos psicológicos*. 7. ed. Petrópolis: Vozes, 1991.
10. BISHOP, K. M.; WAHLSTEN, D. Sex differences in the human corpus callosum: myth or reality? *Neuroscience and Biobehavioural Reviews*, v. 21, n. 5, p. 581-601, 1997.
11. NEFFE, J. *Einstein*: uma biografia. São Paulo: Novo Século, 2005.

12. Leia a biografia de Marie Curie em: http://www.canalciencia.ibict.br/personalidades_ciencia/Marie_Curie.html. Acesso em: 23 nov. 2023.
13. Leia sobre Judith Orloff em: https://drjudithorloff.com; ORLOFF, J. *Energia positiva*: como livrar-se dos vampiros emocionais. São Paulo: Pergaminho, 2010.
14. GEARY, D. C. Sex differences in brain and cognition. *In*: GEARY, D. C. *Male, female*: the evolution of human sex differences. Washington, D.C.: American Psychological Association Books, 2009. cap. 8.
15. MASSON, C. Herói por acidente. *IstoÉ*, 16 dez. 2016. Disponível em: https://istoe.com.br/heroi-por-acidente/. Acesso em: 23 nov. 2023.
16. SULLY: o herói do rio Hudson. Direção de Clint Eastwood. Estados Unidos, 2016 (1 h 36 min). Gênero: Drama.

Capítulo 5 — Otimismo

1. NOVO DICIONÁRIO AURÉLIO DA LÍNGUA PORTUGUESA. 4. ed. Curitiba: Positivo, 2009.
2. DICIONÁRIO DA LÍNGUA PORTUGUESA COMENTADO PELO PROFESSOR PASQUALE. Barueri: Gold, 2009.
3. SHAROT, T. The optimism bias. *Current Biology*, v. 21, n. 23, p. R941-R945, 2011.
4. HECHT, D. The neural basis of optimism and pessimism. *Experimental Neurobiology*, v. 22, n. 3, p. 173-99, 2013.
5. DAVIDSON, R.; BEGLEY, S. *O estilo emocional do cérebro*. Rio de Janeiro: Sextante, 2012.
6. HECHT, D. The neural basis of optimism and pessimism, *op. cit.*
7. DAVIDSON, R.; BEGLEY, S. *O estilo emocional do cérebro, op. cit.*
8. FÓZ, A. *A cura do cérebro*. 3. ed. São Paulo: Novo Século, 2018.
9. JOBIN, J.; WROSCH, C.; SCHEIER, M. F. Associations between dispositional optimism and diurnal cortisol in a community sample: when stress is perceived as higher than normal. *Health Psychology*, v. 33, n. 4, p. 382-91, 2014.
10. EKMAN, P. *et al.* The Duchenne smile: emotional expression and brain physiology: II. *Journal of Personality and Social Psychology*, v. 58, n. 2, p. 342-53, 1990.
11. BURNETT, D. *O cérebro feliz*: a ciência que explica a felicidade. Lisboa: Presença, 2018.
12. BARAK, Y. The immune system and happiness. *Autoimmunity Reviews*, v. 5, n. 8, p. 523-7, 2006.

13. SCHEIER, M. E.; CARVER, C. S. Dispositional optimism and physical well-being: the influence of generalized outcome expectancies on health. *Journal of Personality*, v. 55, n. 2, p. 169-210, 1987.
14. SEGERSTROM, S. C. *et al.* Optimism is associated with mood, coping, and immune change in response to stress. *Journal of Personality and Social Psychology*, v. 74, n. 6, p. 1646-55, 1998.
15. KIM, E. S.; SMITH, J.; KUBZANSKY, L. D. Prospective study of the association between dispositional optimism and incident heart failure. *Circulation: Heart Failure*, v. 7, n. 3, p. 394-400, 2014.
16. Sobre o trabalho de Berk Ilhan: www.berkilhan.com/. Acesso em: 24 nov. 2023.
17. Sobre a terapia do riso: https://www.infoescola.com/medicina-alternativa/terapia-do-riso-risoterapia/. Acesso em: 24 nov. 2023.
18. Sobre a doença de Parkinson: https://abneuro.org.br. Acesso em: 15 fev. 2024.
19. Sobre Michael J. Fox e sua fundação: https://www.michaeljfox.org/. Acesso em: 23 nov. 2023.
20. FOX, Michael J. *Um otimista incorrigível*. São Paulo: Planeta, 2009.
21. FOX, Michael J. *Coisas engraçadas aconteceram no caminho para o futuro*. São Paulo: Planeta, 2011.
22. FOX, Michael J. *Um otimista incorrigível, op. cit.*

Capítulo 6 — Empatia

1. SILVA, D. DA. *De onde vêm as palavras*: origens e curiosidades da língua portuguesa. 17. ed. Rio de Janeiro: Lexikon, 2014; GOLEMAN, D. *Foco*: a atenção e o seu papel fundamental para o sucesso. Rio de Janeiro: Objetiva, 2014.
2. RIZZOLATTI, G. The mirror neuron system and imitation. *In*: HURLEY, S.; CHATER, N. (ed.). *Perspectives on imitation*: from neuroscience to social science. Cambridge, MA: MIT Press, 2005. v. 1: Mechanisms of imitation and imitation in animals — social neuroscience.
3. HURLEMANN, R. *et al.* Oxytocin enhances amygdala-dependent, socially reinforced learning and emotional empathy in humans. *Journal of Neuroscience*, v. 30, n. 14, p. 4999-5007, 2010.

4. NIEUWENHUYS, R. The insular cortex: a review. *Progress in Brain Research*, v. 195, p. 123-63, 2012.

5. GASQUOINE, P. G. Contributions of the insula to cognition and emotion. *Neuropsychology Review*, v. 24, n. 2, p. 77-8, 2014.

6. KRZNARIC, R. *O poder da empatia*: a arte de se colocar no lugar do outro para transformar o mundo. Rio de Janeiro: Zahar, 2015.

7. Museu da Empatia, disponível em: www.empathymuseum.com/. Acesso em: 23 nov. 2023.

8. ENGERTA, V. *et al.* Cortisol increase in empathic stress is modulated by emotional closeness and observation modality. *Psychoneuroendocrinology*, v. 45, p. 192-201, 2014.

9. KARIMI, L.; LEGGAT, S. G.; DONOHUE, L. Emotional rescue: the role of emotional intelligence and emotional labour on well-being and job-stress among community Nurses. *Journal of Advanced*, 2014.

10. PARDINI, D. A. *et al.* Lower amygdala volume in men is associated with childhood aggression, early psychopathic traits, and future violence. *Biological Psychiatry*, v. 75, n. 1, p. 73-80, 2014.

11. MOTZKIN, J. C. *et al.* Reduced prefrontal connectivity in psychopathy. *Journal of Neuroscience*, v. 31, n. 48, p. 17348-57, 2011.

12. GASPAR, A. D. *Neurobiologia e psicologia da empatia*. Disponível em: https://www.researchgate.net/publication/268390613_Neurobiologia_e_Psicologia_da_Empatia. Janeiro de 2014. Acesso em: 23 nov. 2023.

13. PATCH ADAMS: O AMOR É CONTAGIOSO. DIREÇÃO DE TOM SHADYAC. EUA: UNIVERSAL PICTURES / UIP, 1998. 1 DVD (114 MIN).

Capítulo 7 — Generosidade

1. SILVA, D. DA *De onde vêm as palavras*: origens e curiosidades da língua portuguesa. 17. ed. Rio de Janeiro: Lexikon, 2014.

2. HARARI, Y. N. *Sapiens*: uma breve história da humanidade. 11. ed. Porto Alegre: L&PM, 2016.

3. BRANAS-GARZA, P.; RODRÍGUEZ-LARA, I.; SANCHEZ, A. Humans expect generosity. *Scientific Reports*, v. 7, p. 42446, 2017.

4. ZAK, P. J.; STANTON, A. A.; AHMADI, S. Oxytocin increases generosity in humans. *Plos One*, v. 2, n. 11, p. e1128, 2007.
5. FILHO, J. Keanu Reeves, um ator com uma grande carreira e uma história poderosa. *Cinema Rapadura*, 14 fev. 2014. Disponível em: https://bit.ly/2miUdqY. Acesso em: 24 nov. 2023. Keanu Reeves também escreveu este belo livro: REEVES, K. *Ode to happiness*. Göttingen: Steidl, 2011.
6. SÊNECA, L. A. *Sobre a brevidade da vida*. Porto Alegre: L&PM, 2012.

Capítulo 8 — Gratidão

1. DICIONÁRIO HOUAISS DA LÍNGUA PORTUGUESA. Rio de Janeiro: Objetiva, 2009.
2. FOX, G. R. *et al*. Neural correlates of gratitude. *Frontiers in Psychology*, v. 6, p. 1491, 2015.
3. *Ibid*.
4. ZAHN, R. *et al*. The neural basis of human social values: evidence from functional MRI. *Cerebral Cortex*, v. 19, n. 2, p. 276-83, 2009.
5. TANGNEY, J. P.; STUEWING, J.; MASHEK, D. J. Moral emotions and moral behavior. *Annual Review of Psychology*, v. 58, p. 345-72, 2007.
6. HERCULANO-HOUZEL, S. Gratidão. *Folha de S.Paulo*, 10 dez. 2013. Disponível em: https://www1.folha.uol.com.br/colunas/suzanaherculanohouzel/2013/12/1383240-gratidao.shtml. Acesso em: 23 nov. 2023.
7. Palestra de David Steindl-Rast, disponível em: https://www.ted.com/talks/david_steindl_rast_want_to_be_happy_be_grateful?language=pt. Acesso em: 24 nov. 2023.
8. GOLEMAN, D.; DAVIDSON, R. *A ciência da meditação*: como transformar o cérebro, a mente e o corpo. Rio de Janeiro: Objetiva, 2017.
9. Palestra de David Steindl-Rast, *op. cit*.
10. BOERE, N. Paola Antonini, modelo: "É possível ter vida normal com uma prótese". *O Globo*, 20 jul. 2017. Disponível em: https://oglobo.globo.com/sociedade/paola-antonini-modelo-possivel-ter-vida-normal-com-uma-protese-21609421. Acesso em: 24 nov. 2023.
11. ANTONINI, P. "Como perder a minha perna se tornou a grande oportunidade da minha vida". *Glamour*, 18 jan. 2018. Disponível em: https://revistaglamour.globo.com/Lifestyle/Paola-Antonini/noticia/2018/01/como-perder-minha-

-perna-se-tornou-grande-oportunidade-da-minha-vida.html. Acesso em: 23 nov. 2023; FONSECA, C. Conheça Paola Antonini, modelo que perdeu a perna e se transformou em exemplo de positividade. *Revista Donna*, 22 dez. 2017. Disponível em: https://gauchazh.clicrbs.com.br/donna/gente/noticia/2017/12/conheca-paola-antonini-modelo-que-perdeu-a-perna-e-se-transformou-em-exemplo-de-positividade-cjqxx3mr300qv0qcnepnh63mk.html. Acesso em: 23 nov. 2023.

12. EKMAN, P. *Consciência emocional*: uma conversa entre Dalai Lama e Paul Ekman. São Paulo: Prumo, 2008.

Capítulo 9 — Gentileza e autocuidado

1. SILVA, D. DA. *De onde vêm as palavras*: origens e curiosidades da língua portuguesa. 17. ed. Rio de Janeiro: Lexikon, 2014.
2. DAVIDSON, R. *O estilo emocional do cérebro*. Rio de Janeiro: Sextante, 2012.
3. DAVIDSON, R. La base de un cerebro sano es la bondad, y se puede entrenar. Entrevista de Richard Davidson para *La Vanguardia*, 27 mar. 2017. Disponível em: https://www.lavanguardia.com/lacontra/20170327/421220248157/la-base-de-un-cerebro-sano-es-la-bondad-y-se-puede-entrenar.html. Acesso em: 23 nov. 2023.
4. *Ibid*.
5. CHANG, S. W.; GARIEPY, J. F.; PLATT, M. L. Neuronal reference frames for social decisions in primate frontal cortex. *Nature Neuroscience*, v. 16, n. 2, p. 243-50, 2013.
6. Sobre os efeitos da ocitocina no comportamento humano, leia: BARTZ, J. A. *et al*. Social effects of oxytocin in humans: context and person matter. *Trends in Cognitive Sciences*, v. 15, n. 7, p. 301-9, 2011.
7. SIEGEL, J. Z.; CROCKETT, M. J. How serotonin shapes moral judgment and behavior. *Annals of the New York Academy of Sciences*, 1299, p. 42-51, 2013.
8. Sobre comunicação não violenta: https://www.institutocnvb.com.br/. Acesso em: 16 nov. 2023.
9. Sobre Mark Twain: https://www.infoescola.com/biografias/mark-twain/. Acesso em: 23 nov. 2023.
10. Sobre o trabalho de Parker Palmer: http://www.couragerenewal.org/parker/. Acesso em: 23 nov. 2023.
11. Assista ao vídeo *Life Vest Inside — Kindness Boomerang: One Day* em: https://www.youtube.com/watch?v=nwAYpLVyeFU. Acesso em: 23 nov. 2023.

Capítulo 10 — Perseverança

1. DICIONÁRIO HOUAISS DA LÍNGUA PORTUGUESA. Rio de Janeiro: Objetiva, 2009.
2. DUCKWORTH, A. *Garra*: o poder da paixão e da perseverança. Rio de Janeiro: Intrínseca, 2016; DWECK, C. *Mindset*: a nova psicologia do sucesso. Rio de Janeiro: Objetiva, 2017.
3. FERNANDES, F. *Inquebrável*: a história do atleta que se reinventou depois de perder o movimento das pernas. São Paulo: Paralela, 2017.
4. DICIONÁRIO HOUAISS: sinônimos e antônimos. 2. ed. São Paulo: Publifolha, 2008.
5. SELIGMAN, M. E. P. *Florescer*: uma nova compreensão sobre a natureza da felicidade e do bem-estar. Rio de Janeiro: Objetiva, 2011.
6. WANG, L. P. *et al*. NMDA receptors in dopaminergic neurons are crucial for habit learning. *Neuron*, v. 72, n. 6, p. 1055-66, 2011.
7. BANKS, G. P.; MIKELL, C. B.; MCKHANN, G. M. Inducing the "will to persevere": electric stimulation as a potential treatment for apathy. *Neurosurgery*, v. 75, n. 2, p. N11-2, 2014.
8. LENT, R. *Cem bilhões de neurônios*: conceitos fundamentais de neurociência. São Paulo: Atheneu, 2001; BERRIDGE, K. C.; KRINGELBACH, M. L. Pleasure systems in the brain. *Neuron*, v. 86, n. 3, p. 646-64, 2015; KOOB, G. F. Hedonic valence, dopamine and motivation. *Molecular Psychiatric*, v. 1, n. 3, p. 183-9, 1996.

Capítulo 11 — Foco

1. NOVO DICIONÁRIO AURÉLIO DA LÍNGUA PORTUGUESA. 4. ed. Curitiba: Positivo, 2009.
2. COZENZA, R. M.; GUERRA, L. B. *Neurociência e educação*: como o cérebro aprende. Porto Alegre: Artmed, 2011.
3. GOLEMAN, D. *Foco*: a atenção e seu papel fundamental para o sucesso. Rio de Janeiro: Objetiva, 2014.
4. *Ibid*.
5. COZENZA, R. M.; GUERRA, L. B. *Neurociência e educação, op. cit*.
6. GOLEMAN, D. *Foco, op. cit*.
7. MISCHEL, W. *O teste do marshmallow*: por que a força de vontade é a chave do sucesso. Rio de Janeiro: Objetiva, 2016.

8. GOLEMAN, D. *Inteligência emocional*: a teoria revolucionária que define o que é ser inteligente. 2. ed. Rio de Janeiro: Objetiva, 2012.
9. COZENZA, R. M.; GUERRA, L. B. *Neurociência e educação, op. cit.*
10. GOLEMAN, D. *Foco, op. cit.*
11. MISCHEL, W. *O teste do marshmallow, op. cit.*
12. GOLEMAN, D. *Inteligência emocional, op. cit.*
13. GOLEMAN, D.; DAVIDSON, R. *A ciência da meditação*: como transformar o cérebro, a mente e o corpo. Rio de Janeiro: Objetiva, 2017.
14. COZENZA, R. M.; GUERRA, L. B. *Neurociência e educação, op. cit.*
15. GOLEMAN, D. *Foco, op. cit.*
16. MISCHEL, W. *O teste do marshmallow, op. cit.*
17. HERCULANO-HOUZEL, S. *O cérebro em transformação.* São Paulo: Objetiva, 2005.
18. *Ibid.*
19. GOLEMAN, D. *Foco, op. cit.*
20. GOLEMAN, D.; DAVIDSON, R. *A ciência da meditação, op. cit.*
21. WILLIAMS, M.; PENMAN, D. *Atenção plena — mindfulness*: como encontrar a paz em um mundo frenético. Rio de Janeiro: Sextante, 2015.
22. MIPHAM, S. *Fazer da mente uma aliada*: como descobrir a força natural da mente através da meditação. São Paulo: Planeta, 2005.
23. KABAT-ZINN, J. *Viver a catástrofe total*: como utilizar a sabedoria do corpo e da mente para enfrentar o estresse, a dor e a doença. São Paulo: Palas Athenas, 2017.
24. GOLEMAN, D.; DAVIDSON, R. *A ciência da meditação, op. cit.*
25. WILLIAMS, M.; PENMAN, D. *Atenção plena, op. cit.*
26. *Ibid.*
27. LAZAR, S. W. *et al.* Meditation experience is associated with increased cortical thickness. *NeuroReport*, v. 16, n. 17, p. 1893-7, 2005.
28. GOLEMAN, D.; DAVIDSON, R. *A ciência da meditação, op. cit.*
29. WILLIAMS, M.; PENMAN, D. *Atenção plena, op. cit.*
30. GOLEMAN, D.; DAVIDSON, R. *A ciência da meditação, op. cit.*
31. WILLIAMS, M.; PENMAN, D. *Atenção plena, op. cit.*
32. MIPHAM, S. *Fazer da mente uma aliada, op. cit.*
33. KABAT-ZINN, J. *Viver a catástrofe total, op. cit.*

34. GOLEMAN, D.; DAVIDSON, R. *A ciência da meditação, op. cit.*
35. WILLIAMS, M.; PENMAN, D. *Atenção plena, op. cit.*
36. MIPHAM, S. *Fazer da mente uma aliada, op. cit.*
37. KABAT-ZINN, J. *Viver a catástrofe total, op. cit.*
38. WILLIAMS, M.; PENMAN, D. *Atenção plena, op. cit.*
39. *Ibid.*
40. LAZAR, S. W. et al. Meditation experience is associated with increased cortical thickness, *op. cit.*
41. WA, B. M. et al. Dispositional mindfulness and depressive symptomatology: correlations with limbic and self-referential neural activity during rest. *Emotion*, 10, p. 12-24, 2010.
42. Sobre MBSR: https://positivepsychologyprogram.com/mindfulness-based-stress-reduction-mbsr/. Acesso em: 24 nov. 2023.
43. WILLIAMS, M.; PENMAN, D. *Atenção plena, op. cit.*
44. Sobre MBSR: *op. cit.*
45. GOLEMAN, D.; DAVIDSON, R. *A ciência da meditação, op. cit.*
46. WILLIAMS, M.; PENMAN, D. *Atenção plena, op. cit.*
47. HILTON, C. *Ayrton Senna*: uma lenda a toda velocidade. São Paulo: Global, 2009.
48. *Ibid.*
49. Sobre Roger Federer: https://www.netshoes.com.br/blog/esportes/post/quem-e-roger-federer-2. Acesso em: 18 dez. 2023.
50. Sobre Tiger Woods: https://www.uol.com.br/esporte/ultimas-noticias/2023/02/11/golfe-tiger-woods-anuncia-retorno-as-competicoes-apos-seis-meses.htm. Acesso em: 18 dez. 2023.

Capítulo 12 — Coragem

1. SILVA, D. DA. *De onde vêm as palavras*: origens e curiosidades da língua portuguesa. 17. ed. Rio de Janeiro: Lexikon, 2014.
2. DICIONÁRIO HOUAISS: sinônimos e antônimos. 2. ed. São Paulo: Publifolha, 2008.
3. DAVIDSON, R.; BEGLEY, S. *O estilo emocional do cérebro*. Rio de Janeiro: Sextante, 2012.
4. LEDOUX, J. *O cérebro emocional*. Rio de Janeiro: Objetiva, 1996.
5. SAINT-EXUPÉRY, A. *Terra dos homens*. São Paulo: Nova Fronteira, 2015.

6. GANDHI, M. K. *Autobiografia*: minha vida e minhas experiências com a verdade. São Paulo: Palas Athena, 1999.
7. WANG, F.; KESSELS, H. W.; HU, H. The mouse that roared: neural mechanisms of social hierarchy. *Trends in Neurosciences*, v. 37, n. 11, p. 674-82, 2014.
8. *Ibid.*
9. HU, N. *et al.* Fear thou not: activity of frontal and temporal circuits in moments of real-life courage. *Neuron*, v. 66, n. 6, p. 949-62, 2010.
10. EKMAN, P. *A linguagem das emoções*. São Paulo: Lua de Papel, 2011; EKMAN, P. *Consciência emocional*: uma conversa entre Dalai Lama e Paul Ekman. São Paulo: Prumo, 2008.
11. Sobre esse tema: FALAR EM PÚBLICO: medo atinge mais pessoas do que se pensa. *Terra*, 14 mar. 2017. Disponível em: https://www.terra.com.br/noticias/falar-em-publico-medo-atinge-mais-pessoas-do-que-se-pensa,8131b9f1a1e44210d-5f9a03c0abad8e8ijpr0crx.html#:~:text=Estudo%20de%202015%20do%20jornal,e%20da%20morte%20(19%25). Acesso em: 16 fev. 2024.
12. LYRA, E. *Da favela para o mundo*: não importa de onde você vem, mas para onde você vai. São Paulo: Aeroplano, 2017.
13. Sobre Maya Gabeira, entrevista no site da Red Bull: PABST, Maíra. Maya Gabeira: a mulher coragem. *Red Bull*, 29 mar. 2017. Disponível em: https://www.redbull.com/br-pt/entrevista-exclusiva-maya-gabeira-dia-internacional-da-mulher. Acesso em: 24 nov. 2023.

Capítulo 13 — Resiliência

1. SILVA, D. DA. *De onde vêm as palavras*: origens e curiosidades da língua portuguesa. 17. ed. Rio de Janeiro: Lexikon, 2014.
2. SORDI, A. O.; MANFRO, G. G.; HAUCK, S. Resilience concept: different perspectives. *Revista Brasileira de Psicoterapia*, v. 13, n. 2, p. 115-32, 2011.
3. RUSSO, S. J. *et al.* Neurobiology of resilience. *Nature Neuroscience*, v. 15, n. 11, p. 1475-84, 2012.
4. DAVIDSON, R. *O estilo emocional do cérebro*. Rio de Janeiro: Sextante, 2012.
5. DUCKWORTH, A. *Garra*: o poder da paixão e da perseverança. Rio de Janeiro: Intrínseca, 2016.

6. Sobre resiliência e sistema nervoso central: D'ALESSIO, L. *Mecanismos neurobiológicos de la resiliencia*. Buenos Aires: Polemos, 2009. cap. 3. Disponível em: https://www.gador.com.ar/wp-content/uploads/2015/04/resiliencia.pdf. Acesso em: 24 nov. 2023.
7. Sobre a síndrome de Guillain-Barré: https://www.gov.br/saude/pt-br/assuntos/saude-de-a-a-z/g/sindrome-de-guillain-barre. Acesso em: 23 nov. 2023.
8. DUCKWORTH, A. *Garra*, op. cit.
9. SANDBERG, S.; GRANT, A. *Plano B*: como encarar adversidades, desenvolver resiliência e encontrar felicidade. São Paulo: Fontanar, 2017.
10. HARARI, T.; GARATTONI, B. A vida privada de Stephen Hawking. *Superinteressante*, 14 mar. 2018. Disponível em: https://super.abril.com.br/ciencia/a-vida-privada-de-stephen-hawking/. Acesso em: 23 nov. 2023.
11. *Ibid.* Leia também: HAWKING, S. *Uma breve história do tempo*. Rio de Janeiro: Intrínseca, 1988.
12. USAIN BOLT DESABAFA EM REDE SOCIAL E PUBLICA EXAME DE LESÃO NA COXA. *Globo Esporte*, 18 ago. 2017. Disponível em: https://glo.bo/2zze0M9. Acesso em: 23 nov. 2023.

Capítulo 14 — Paciência

1. Entrevista com António Damásio: LUSA. Sem educação, os homens "vão matar-se uns aos outros", diz António Damásio. *Público*, 31 out. 2017. Disponível em: https://www.publico.pt/2017/10/31/ciencia/noticia/sem-educacao-os-homens-vao-matarse-uns-aos-outros-diz-antonio-damasio-1791034. Acesso em: 24 nov. 2023.
2. DICIONÁRIO HOUAISS DA LÍNGUA PORTUGUESA. Rio de Janeiro: Objetiva, 2009.
3. LENT, R. *Cem bilhões de neurônios*: conceitos fundamentais de neurociência. São Paulo: Atheneu, 2001; BERRIDGE, K. C.; KRINGELBACH, M. L. Pleasure systems in the brain. *Neuron*, v. 86, n. 3, p. 646-64, 2015; KOOB, G. F. Hedonic valence, dopamine and motivation. *Molecular Psychiatry*, v. 1, n. 3, p. 183-9, 1996.
4. *Teste do marshmallow*, vídeo disponível em: https://www.youtube.com/watch?v=-2cjTtJhq2Pw. Acesso em: 24 nov. 2023.
5. MISCHEL, W. *O teste do marshmallow*: por que a força de vontade é a chave do sucesso. Rio de Janeiro: Objetiva, 2016.

6. MIYAZAKI, K. W.; MIYAZAKI, K.; DOYA, K. Activation of central serotonergic system during work for delayed rewards. *European Journal of Neuroscience*, v. 33, p. 153-160, 2011.
7. MIYAZAKI, K.W.; MIYAZAKI, K.; DOYA, K. The role of serotonin in the regulation of patience and impulsivity. *Molecular Neurobiology*, v. 5, n. 2, p. 213-24, 2012.
8. Sobre Christof Koch: https://christofkoch.com/. Acesso em: 24 nov. 2023.
9. *Ibid.*
10. SÊNECA, L. A. *Sobre a brevidade da vida*. Porto Alegre: L&PM, 2012. Assista ao vídeo *Seneca on Anger — Philosophy: a Guide to Happiness*, de Alain de Botton. Disponível em: https://www.youtube.com/watch?v=cUStWm_AkaY. Acesso em: 24 nov. 2023.
11. Sobre Dalai Lama: www.dalailama.org.br/. Acesso em: 24 dez. 2023.
12. Sobre os jardins japoneses: https://www.br.emb-japan.go.jp/cultura/jardim.html. Acesso em: 24 nov. 2023.
13. CEAPARU, I. *et al.* Determining causes and severity of end-use frustration. Maryland: University of Maryland, 2003. Disponível em: http://www.cs.umd.edu/hcil/trs/2002-11/2002-11.pdf. Acesso em: 1º mar. 2019.

Capítulo 15 — Perdão

1. NOVO DICIONÁRIO AURÉLIO DA LÍNGUA PORTUGUESA. 4. ed. Curitiba: Positivo, 2009.
2. WORTHINGTON, E. L.; SCHERER, M. Forgiveness is an emotion-focused coping strategy that can reduce health risks and promote health resilience: theory, review, and hypotheses. *Psychology & Health*, v. 19, n. 3, p. 385-405, 2004.
3. HOUZEL-HERCULANO, S. Perdão. *Espiritualidade e sociedade*. Disponível em: https://bit.ly/2NBCaHZ. Acesso em: 24 nov. 2023.
4. JOCA, S. R. L.; PADOVAN, C. M.; GUIMARÃES, F. S. Estresse, depressão e hipocampo [Stress, Depression and the Hippocampus]. *Revista Brasileira de Psiquiatria*, v. 25 (Supl. II), p. 46-51, 2003.
5. LUPIEN, S. J. *et al.* Cortisol levels during human aging predict hippocampal atrophy and memory deficits. *Nature Neuroscience*, v. 1, n. 1, p. 69-72, 1998.
6. HUETHER, G. *et al.* The stress reaction process and the adaptive modification and reorganization of neuronal networks. *Psychiatry Research*, v. 87, p. 83-95, 1999.

7. Sobre Daniel Barros e o poder do perdão, matéria do programa *Bem Estar*, da Rede Globo, disponível em: https://g1.globo.com/bemestar/noticia/perdoar-faz-bem-para-a-saude.ghtml. Acesso em: 24 nov. 2023.
8. Sobre Giovanna Ewbank: https://www.terra.com.br/diversao/gente/giovanna-ewbank-explica-por-que-perdoou-traicao-de-bruno-gagliasso-ninguem-sabe,e2e651352f83fe9d75ecbb52cf74f4afq1kjj2w7.html?utm_source=clipboard. Acesso em: 18 dez. 2023.
9. GRAEFF, F. G. Ansiedade, pânico e o eixo hipotálamo-pituitária-adrenal. *Revista Brasileira de Psiquiatria*, v. 1, p. S3-S6, 2007.
10. *Ibid.*
11. Palestra de Joshua Prager, disponível em: https://www.ted.com/talks/joshua_prager_in_search_for_the_man_who_broke_my_neck. Acesso em: 24 nov. 2023.
12. PERGHER, G. K. *et al.* Memória, humor e emoção. *Revista de Psiquiatria do Rio Grande do Sul*, v. 28, n. 1, 2006.
13. Sobre Robert Enright: https://www.psychologytoday.com/us/experts/robert-enright-phd. Acesso em: 24 nov. 2023.

Capítulo 16 — Fé

1. NOVA BÍBLIA PASTORAL. São Paulo: Paulus, 2014.
2. SILVA, D. DA. *De onde vêm as palavras*: origens e curiosidades da língua portuguesa. 17. ed. Rio de Janeiro: Lexikon, 2014.
3. Sobre Einstein e religião. Instituto de Pesquisas Projeciológicas e Bioenergéticas. Disponível em: https://www.ippb.org.br/textos/especiais/mythos-editora/einstein-e-a-religiao. Acesso em: 24 nov. 2023.
4. PERSINGER, M. A. *Neuropsychological basis of God beliefs*. New York: Praeger, 1987.
5. MARINO, R. *A religião do cérebro*: as novas descobertas da neurociência a respeito da fé humana. São Paulo: Gente, 2005.
6. DAVIDSON, R. *O estilo emocional do cérebro*. Rio de Janeiro: Sextante, 2012.
7. PERSINGER, M. A. *Neuropsychological basis of God beliefs, op. cit.*
8. Sobre Michael Gazzaniga: https://people.psych.ucsb.edu/gazzaniga/michael/. Acesso em: 20 set. 2018.

9. FREITAS MELO, C. *et al.* Correlação entre religiosidade, espiritualidade e qualidade de vida: uma revisão de literatura. *Estudos e Pesquisas em Psicologia*, v. 15, n. 2, 2015.
10. Sobre Michael Gazzaniga, *op. cit.*
11. DAVIDSON, R. *O estilo emocional do cérebro*, *op. cit.*
12. GUITTON, G.; BOGDANOV, G.; BOGDANOV, I. *Deus e a ciência*: em direção ao metarrealismo. Rio de Janeiro: Nova Fronteira, 1992.
13. LEVIN, J. *Deus, fé e saúde*: explorando a conexão espiritualidade-cura. São Paulo: Cultrix, 2001.
14. DAVIDSON, R. *O estilo emocional do cérebro*, *op. cit.*
15. GOLEMAN, D.; DAVIDSON, R. *A ciência da meditação*: como transformar seu cérebro, mente e corpo. Rio de Janeiro: Objetiva, 2017.
16. GOLDSTEIN, E. *The now effect*: how a mindful moment can change the rest of your life. New York: Atria Books, 2013.
17. SOLOMON, R. C. *O prazer da filosofia*: entre a razão e a paixão. São Paulo: Civilização Brasileira, 2011.
18. LOUV, R. *Vitamin N*: the essential guide to a nature-rich life. London: Atlantic Books, 2016.
19. Sobre Cissa Guimarães: LIMA, P. Sobre luto e fé: Cissa Guimarães abre o coração e explica como a peça *Doidas e santas* ajudou a lidar com a perda do filho. *Donna Gente*, 30 maio 2015. Disponível em: https://gauchazh.clicrbs.com.br/donna/gente/noticia/2015/05/sobre-luto-e-fe-cissa-guimaraes-abre-o-coracao-e-explica-como-a-peca-doidas-e-santas-ajudou-a-lidar-com-a-perda-do-filho-cjplfefc8010lmncnqzo1rwt0.html. Acesso em: 15 mar. 2018.

Epílogo

1. Sobre o estudo de Harvard: https://news.harvard.edu/gazette/story/2017/04/over-nearly-80-years-harvard-study-has-been-showing-how-to-live-a-healthy-and-happy-life/. Acesso em: 13 dez. 2023.
2. Palestra de Robert Waldinger, disponível em: https://www.ted.com/talks/robert_waldinger_what_makes_a_good_life_lessons_from_the_longest_study_on_happiness?language=pt-br. Acesso em: 13 dez. 2023.
3. Palestra de Dan Buettner, disponível em: https://www.ted.com/talks/dan_buettner_how_to_live_to_be_100?language=pt-br. Acesso em: 13 dez. 2023.